商街

灯火相接

游文中北
典化轴京
线

北京非物质文化遗产保护中心
组织编写

杨 澄 著

北
京
出
版
集
团

北
京
出
版
社

图书在版编目（CIP）数据

商街：灯火相接 / 北京非物质文化遗产保护中心组
织编写 ；杨澄著. — 北京：北京出版社，2021. 10
（北京中轴线文化游典）
ISBN 978-7-200-16085-7

I. ①商… II. ①北… ②杨… III. ①商业街—介绍
—北京 IV. ①F727. 1

中国版本图书馆CIP数据核字（2020）第255391号

北京中轴线文化游典
商街
灯火相接
SHANGJIE
北京非物质文化遗产保护中心 组织编写
杨澄 著
*
北京出版集团
北京出版社 出版
（北京北三环中路6号）
邮政编码：100120
网 址：ｗｗｗ．ｂｐｈ．ｃｏｍ．ｃｎ
北京伦洋图书出版有限公司发行
北京九天鸿程印刷有限责任公司印刷
*
787毫米×1092毫米 16开本 18.5印张 217千字
2021年10月第1版 2023年7月第2次印刷
ISBN 978-7-200-16085-7
定价：79.80 元
如有印装质量问题，由本社负责调换
质量监督电话：010-58572393

总　序

　　"一城聚一线，一线统一城"，北京中轴线南端点在永定门，北端点在钟楼，位居北京老城正中，全长 7.8 千米。在中轴线上有城楼、御道、河湖、桥梁、宫殿、街市、祭坛、国家博物馆、人民英雄纪念碑、人民大会堂、景山、钟鼓楼等一系列文化遗产。北京中轴线自元代至今，历经 750 余年，彰显了中华民族守正创新、与时俱进的文脉传承，凸显着北京历史文化的整体价值，已经成为中华文明源远流长的伟大见证。

　　北京中轴线是北京城市的脊梁与灵魂，蕴含着中华民族深厚的文化底蕴、哲学思想，也见证了时代变迁，体现了大国首都的文化自信。说脊梁，北京中轴线是中华民族都市规划的杰出典范，是北京城市布局的脊梁骨，对整座城市肌理（街巷、胡同、四合院）起着统领作用，北京老城前后起伏、左右对称的建筑或空间的分配都是以中轴线为依据的；说灵魂，北京中轴线所形成的文化理念始终不变，尚中、居中、中正、中和、中道、凝聚、向心、多元一统的文化精神始终在中轴线上延续。由此，北京中轴线既是历史轴线，又是发展轴线，还是北京建设全国文化中心的魅力所在、资源所在、优势所在。

北京中轴线是活态的，始终与北京城和中华民族的发展息息相关。在历史长河风云变幻中，一些重大历史事件都发生在中轴线上，同时中轴线始终有社会生活的烟火气，留下了京城百姓居住、生活的丰富印迹。这些印迹既有物质文化遗产，又有非物质文化遗产；这些印迹不仅有古都文化特色，还有对红色文化的展现、京味文化的弘扬、创新文化的彰显。中轴线就像一个大舞台，包括皇家宫殿、士大夫文化、市民生活，呈现开放包容、丰富多彩、浓厚的京味，突出有方言、饮食、传说、工艺、科技以及各种文学、艺术等。时至近现代，在中轴线上还有展现中华民族革命斗争的历史建筑和社会主义现代化建设的红色文化传承。今天，古老的中轴线正从历史深处昂扬走向璀璨的未来，在传统文化与现代文明的滋养中焕发出历久弥新的时代风采。

北京中轴线是一张"金名片"，传承保护好以中轴线为代表的历史文化遗产是首都的职责，也是每一个市民的责任。以文塑旅，以旅彰文，"北京中轴线文化游典"是一套以学术为支撑，以普及为目的，以文旅融合为特色，以"游"来解读中轴线文化的精品读物。这套读物共16册，以营城、建筑、红迹、胡同彰显古都风韵，以园林、庙宇、碑刻、古狮雕琢文明印迹，以商街、美食、技艺、戏曲见证薪火相传，以名人、美文、译笔、传说唤起文化拾遗。书中既有对北京城市整体文化的宏观扫描，又有具体而精微的细节展现；既有活跃在我们生活中的文化延续，也有留存于字里行间的珍贵记忆。

　　本套丛书自规划至今已近 3 年，很多专家学者在充分的交流与研讨中贡献了真知灼见，为丛书的编辑出版提供了宝贵建议。在此，我们对所有参与课题调研、交流研讨的专家学者以及众多编者、作者表示感谢。

　　"让城市留住记忆，让人们记住乡愁。"北京中轴线的整体保护与传承，不仅是推进全国文化中心建设的重要举措，更是我们这一代人的历史责任与使命。只有正确认识历史，才能更好地开创未来。要讲好中轴线上的中国故事、传递好中国声音、展示好中国形象，使这条古都的文化之脊活力永延。我们希望"北京中轴线文化游典"的问世，能让历史说话，让文物说话，让专家说话，让群众说话，陪伴您在游走中了解北京中轴线的历史文化内涵，感知中轴线上的文化遗产，体验首都风范、古都风韵、时代风貌，不断增强文化获得感，共筑中国梦。

李建平

2021 年 4 月

目　录

前　言

焕发京师活力的商街名店

远古，仓颉造字，以一竖穿一方，谓之"中"。一根轴线，排定一座方国，乃有中心、中轴、中国、东西南北中之"中"也。

元建大都，世祖忽必烈把营国重任交给国师刘秉忠。秉忠恪守周礼，实地踏勘，辨风水、依地利，立中轴。在宫城核心帝位，他精妙地安排好江山的四大关系：左祖右社，前朝后市。

没有祖先的荫功，哪有今日的成就；

没有社稷的庇护，哪有今日的威严；

没有朝臣的辐辏，哪有今日的轴心；

没有市井的繁荣，哪有今日的稳固。

置于前的"祖""社"，是做给人看的，当然也是为了警醒"寡人"

不忘本。"前朝"是执政的必需，"朝臣待漏五更寒"，形式要走，忠言要听，天下才有可能坐得稳。到了早朝无人光顾，谁的话都听不见了，国运、家运和自己的小命，也就走到头了，就像崇祯帝朱由检。

说到后市的"市"，虽排于后，文章却不小，是不可不察的，国计民生全在此。

儒家轻商，以为那是不劳而获的勾当，瞧不起商贩，也鄙视小民每日价蝇营狗苟为稻粱谋。

楚人范蠡挺身而出，做了篇翻案文章。他以大智慧、大毅力帮助越王勾践灭了吴王夫差，报了大仇，留下了越王勾践"卧薪尝胆"的故事。而就在大功即将告成之际，他顿悟"狡兔死走狗烹"的凶险，抽身而退，弃政经商，三富三弃，荡舟湖上，号"陶朱公"，被民间奉为财神。今天来看，他的经商思想和理论，何尝不闪耀着大智慧、大毅力的光辉呢?

帝都京城，在演绎着"前朝"改换的回目里，不乏"后市"兴衰的交错。于帝王将相的背后，透露出黎民百姓的吉凶祸福，随着中轴线跳荡的旋律而起伏共振，甚至更激烈。

京城的街市民居，以古老的中轴线为脊梁，向东西南北、四面八方铺陈。这才丰厚、充实，有个京师的模样。因而，铸就繁盛的商贸街市顺势而生、因时而变，就犹如一串串珍珠链，环护在中轴线上。那一颗颗熠熠生辉的珍珠，就是传承悠久的名店"老字号"了。

我出生在前门大街的胡同里，上中学在灯市口，就业在东四，住过崇文区的珠市口，宣武区的校场口，晚年定居安定门外的地兴居。回头一看，这八十多年竟没离开中轴线的商圈，眼前总是时不时地闪动着北京人奔吃奔喝的众生相和商家不断改换门庭忙碌的身影。

北京是座移民城市，包括历代的皇上大臣，也都是让梦牵着，飘到京城圆梦来的。商人也有梦，但有醒时的精明，两眼紧瞄着市井的需求，心到手到，或从一只鞋、一顶帽子做起，如内联陞、马聚源；或从贩运商品开始，如瑞蚨祥、张一元。他们在衣食住行广阔的空间里，驰骋奔驰，力图打造出一片自己的天地，既合身，又延年。

繁华商街，为古老的都城充填了生生不竭的活力和绚丽的色彩。名店罗列的商街一方面满足了社会各阶层的物质、文化需求，另一方面也塑造了城市的外在形象和居民的内在品格。因此，在老北京丰厚的历史文化中，城以街通，街以市兴，市以名店老字号标榜。如此，北京的街市文化成就了京师中轴文化中沉甸甸的一块。

朝代更迭，时尚流移，人口剧增，京城的商街名店也在或急或缓地转变更迭。街有大小，市有兴衰，每个朝代有每个朝代的闹市金街，以及它特有的街市名店文化，而这一切都源于城市居民不断攀升的生活需求。

一度我很喜欢观赏闹市商店高悬门楣上的金字牌匾，想象着，那些创业者是怀着怎样的心态和力气，构筑这个"字号"的。他们在此前、此中和此后经历了什么？又获得了什么？是梦圆，还是梦破？

我期待这本书能给读者一个启示，一个人、一座商店、一条商街会给北京遗留下什么念想？

杨澄

2020 年 8 月

第一辑

市声悠远前门外

天桥

早先，京城中轴线上有三座桥，都是南北向。

北段，地安门（俗称"后门"）与鼓楼之间有座桥，叫"万宁桥"，始建于元至元二十二年（1285），俗称"后门桥""海子桥"，是元代漕运的起始点。

中段的正阳桥，建在正阳门瓮城箭楼南面，是一座三路四栏宽阔豪华的汉白玉石桥。桥南建有六柱五楼的牌坊，横批上题"正阳桥"三个金字，俗称"四门三桥五牌楼"。桥下护城河水面宽阔，时有游船荡漾其间。

南段的天桥，位于前门大街与永定门大街的接合部，是当年明清两代天子祭拜天坛、先农坛必经之桥，故曰"天桥"。桥下的流水自西而东，名"龙须沟"，西段来自前门西响闸南流之水，与梁家园东流之水在虎坊桥汇合流向东南，再向东，穿过这座架在

晚清时期天桥区域示意图

中轴线上的天桥；东段经过金鱼池、红桥，向东南，由左安门西侧注入护城河。

三座桥命运不同，都有过辉煌，也有过没落。后门桥因为断流，积水潭不复繁盛而寂寂无闻。正阳桥填河毁桥，大道如矢，就连美丽的五牌楼也是拆了又建，令今人不知为何上题"正阳桥"三字，左顾右盼，不知"桥"在何处。

天桥更是消失得无影无踪。1914 年，北洋政府把淤塞腐臭的龙须沟西段（自南新华街至虎坊桥、虎坊路、留学路到天桥）全部改明沟为暗沟，修成了大马路。后因展宽南中轴路面，把天桥的拱桥改为平桥。1924 年，北京开通第一条有轨电车，从天桥到西直门，汉白玉的天桥自此彻底拆除。桥没了，名字还在。它好比是个商标，成了龙须沟南北两岸连同东西两坛之间一大片空地的统称。至今，那个天桥任挑任拣的旧货市场和穷人可以在这儿吃喝玩乐逛一整天的景象，还深深留在老北京人的脑仁里。

有人说，来北京可以不逛故宫三大殿，不逛北海、万寿山，但不能不逛天桥。甚至说，没逛过天桥，没看过"云里飞"，没喝过天桥的豆汁儿，就如同一辈子没吃过白面一样！好像没了天桥，北京就不成其为北京了。

可当时也有不少人一提起天桥就摇头叹气，说天桥是藏污纳垢

1960 年的天桥路口

天桥商铺俯瞰

的大粪缸，地痞流氓的养成所，杀人示众的刑场，北京城一截烂透了的盲肠！

甭管怎么议论，如今来北京是逛不成老天桥了，因为它早没了。如同北京四周圈儿的城门、城墙，马路当中的牌楼，这座更早的驮过明清两代皇上名之为"天桥"的汉白玉罗锅桥，早已在半个多世纪前被时代大潮淘汰出局。

"盲肠"割了，贬它的人就此住声。然而深受其益的人，睹物思旧的人，慕名向往的人，听人学说的人，投机取巧的人，做梦发财的人，也还惦记着老天桥。

比如，在旧址新街建起了一座真真儿的汉白玉天桥，具体而微，提醒人们别忘了它的老故事。

小广场还复制了当年的"四面钟"模型，周圈儿塑造了"八大怪"，看着虽然怪模怪样，却各怀绝技、惊世骇俗。更别提延续老天桥文脉新建的现代化剧场，可以毫不费劲儿地上演世界名剧……

老天桥，让人夸，又招人骂，叫人恨，又逗人想，它究竟是个什么样的地方呢？

老天桥最早从旧货市场起家

北京城曾是元明清三朝帝都，人口年年有增减，最多时曾达到百万余众；到了 1948 年，已达二百零三万。那时候，北京城就是"内九外七皇城四"这么一个豆腐块，一方水土就那么大，怎么养这贫富不均的"一方人"呢？住在内城的富人好说，有的是银子；住在外城的穷人就要想辙过日子了，好过歹过，总得凑合着解决衣食住行四件大事。

如此，旧货市场应运而生。

在龙须沟北岸，从桥头往东直到精忠庙街这半里地，原有百十家卖铁器、家具等旧杂物的货摊，地摊上什么都有，零零碎碎。铁器摊从钉子、锤子、铁丝、老虎钳子、铁锹、铁镐到废锅炉、汽车废水箱，缺什么，自己去挑。因而旧时这条沟边街叫"铁巷子"。

街上的家具摊也不少，既有破桌子、烂板凳，也有上好的红木家具。赶上兵荒马乱的年月，就有城里大宅门的家具物品流落于此，便宜了捡漏的人。

龙须沟南面、天坛以西是卖旧衣服的估衣棚，有支布棚的，也有搭木板房的，都不见天，棚里面却没有柜台，长身的旧衣服像大褂、旗袍、大衣等挂在三面墙上，地面摊上一摞摞各种衣服。棚内光线昏暗，颜色难辨，反正卖出手是不退不换的。这些旧衣服的来源很大一部分是当铺的"死当"。当票到期了，没人来赎，当铺按质论价，卖给估衣棚，再由商家整理、洗染，标价卖给顾客。不可否认，旧衣服中有偷盗来的赃品，甚至有偷棺盗墓来的葬品。有人知其不洁，想买布自做，估衣棚就另辟蹊径，专有卖"布头儿"的生意。各色布头儿长短不一，摆满一地。卖家宣称，这些大小布头儿都是来自大栅栏瑞蚨祥，"货真价廉"，其实那是瞎话：有些是由整匹布撕成零块的，布匹织得稀疏、掉色、缩水，商家以次充好，

20 世纪 30 年代的天桥市场

蒙混图便宜的人。

　　北京有句俗话，人靠衣服马靠鞍。对于生活不富裕甚至穷困的
人，只有靠买旧衣服、旧鞋才能维持住起码的体面。因而天桥的旧
货市场不仅满足了京城一部分平民的穿用需求，也使旧物回收再利
用有个集中的市场。

天桥的杂耍，样样精彩

旧货市场带动了有意无意闲逛的游人，顺手带出了饮食和游艺两大产业。好在那时天桥一带有的是坑坑洼洼的空地，填吧填吧就能撂地（艺人在庙会、集市、街头空地上演出）摆摊，买的卖的，说的唱的，游人如织。渐而以大街为界形成了东西两片市场。东市场在先，有铁巷子、估衣街，后来又陆续搭了歌舞台、燕舞台和乐舞台三个演戏大棚；西市场后来居上，按区块辟建了先农市场、城南商场和公平市场。后来东市场的戏棚子失火，只剩下了货摊，各式各样的饮食和娱乐摊子，以及茶馆、坤书馆、小戏园子都集中到西市场了。天桥大兴，成了北京平民吃喝玩乐可以逛一天的乐园。

清末民初，社会动荡。一拨拨流民涌进京城到处找饭辙。同样住在城里的旗人，断了钱粮老米，也从衣食不愁的纨绔子弟沦为吃了上顿没下顿的穷汉，天桥就成了他们求生、找乐的大卖场。细细追寻三代天桥"八大怪"出身，不都是被饥寒逼上"艺不惊人死不休"的成功之路嘛！

说说相声的起源，就能明白艺术来自民间。

相声是北京的"土特产"，它产于此，发迹于此，是北京人平素生活中少不了的玩意儿。相声的实质，是说话的艺术。那种幽默、机智、耿直、玩世不恭、好讥讽而又不敢招惹人的风格，很能表现出老北京人的脾气秉性。

相声成为"相声"也就是百十多年的历史，是近代的产物。有人做学问，推论相声起源于两千多年前先秦时期的"俳优"；又有人说起源于一千多年前唐代的"参军戏"。年代久远，学问太深了，俗人难解。

说得通的，有相声模样又有真名实姓的，应该是在清末民初的天桥，创始人应该是清道光年间唱八角鼓的艺人张三禄。

八角鼓原本是满族牧居休闲演唱时用的一种手鼓，用硬木框围成八边形，一面蒙蟒皮，另一面空着。七个边框中间，每边嵌两面小铜镲，一个框中间嵌柱，拴正黄、杏黄两股长穗。鼓不大，演奏时，左手指钩鼓柱竖立持鼓，右手弹奏，手法有弹、摇、碰、搓、拍五种。

张三禄演唱八角鼓技艺高超，胜人一筹，尤其擅长见景生情，当场抓哏。演唱时，他随机应变，不守老套，很受观众欢迎。艺高的人，往往脾气也大，他不愿与人搭班，就跑到天桥、庙会摽地卖艺，一个人一台戏，自由自在。不唱八角鼓了，他以说、学、逗、唱四大技能作艺，自称其艺为"相声"。相是表演，声是模仿，目的是让观众开怀大笑。

张三禄走出戏班，摽地单干，发挥了他当场抓哏的表演才能，开创了"相声"这一艺术形式。而真正接过他的衣钵、使"相声"成型，并被尊称相声开山祖的，是自号"穷不怕"的朱绍文。

朱绍文，道光年间生人，隶属汉军旗，世居地安门外毡子房，幼读诗书，是个没中举的秀才。如同很多旗人一样，他喜好京戏，工丑行，唱做俱佳，尤擅插科打诨，临场发挥。据说，有一次他陪程长庚大老板唱《法门寺》，他饰贾桂。演出中，他现场抖机灵，说了些时兴的事，惹得程大老板很不高兴。此后他改唱架子花脸，人高瘦，气势不足，也没红。

他是个心高气盛的文化人，不甘沉寂，就辞了京剧这一行，摽地唱太平歌词。这种演唱很简单，伴奏乐器就是两块长五寸、宽三

旧时天桥的杂耍艺人

寸的小竹板，名叫"玉子"。手握着"玉子"，一开一合，响一下，用它打节奏。太平歌词很对朱绍文的路：慢条斯理，有板有韵，唱的交代得清楚，观众也听得明白，引人兴趣。他对汉字的形、音、义有研究，能把一个字讲得头头是道，并首创了"白沙写字"：把大理石磨成很细很细的白沙，装进一个小布袋里，左手打着两块竹板的"玉子"，右手从布袋里捏出点儿白沙，在地上先撒出一个大白圈儿（行话叫"画锅"），算是演出范围。过路的人好奇，围过来（行话叫"黏圆子"），朱绍文也不看大伙，只顾蹲在地上撒白沙写字。

比如他写"容"字，一边写一边唱：

　　写上一撇不像个字，

　　饶上一笔念个人。

　　人字头上点两点念个火，

　　火到临头灾必临。

　　灾字底下添个口念个容，

　　劝诸位得容人处且容人。

字写完了，观众随之在欢笑中报以掌声。

这时，人围满了，净等着朱绍文入"活"了。他能写一丈二尺的双钩字，比如"一笔寿""一笔福""一笔虎"，气势大，字漂亮，观众点头赞叹。

而后，他边唱边在大字旁写副对联："画上荷花和尚画，书临汉字翰林书。"对联工整有趣，还可以反过来念，意思一样。他常写的对联还有："书童磨墨墨抹书童一脉墨，梅香添煤煤爆梅香两眉煤。"念起来拗口，像绕口令，却勾画出两个小用人的天真模样。观众又开心又长知识，大声喊好。

他满腹诗书，才思敏捷，又有丰富的人生经验，所以他演唱的节目谐而不厌，雅而不村，讥讽邪佞，劝人行善。比如他的"字头歌"：

　　三字同头芙蓉花，三字同旁姐妹妈。

　　三字同头常当当，三字同旁吃喝唱。

北京天桥市民文化广场的朱绍文塑像

然后，他引申："皆因为吃喝唱，才落了个常当当。您看不学好，行吗？"

他有两副常使的"玉子"。一副上刻："满腹文章穷不怕，五车书史落地贫。"还有一副，上刻："日吃千家饭，夜宿古庙堂；不作犯法事，哪怕见君王！"直白、磊落，可见他"贫贱不能移"的高尚情操。

他是单口相声的开山祖，一个人一台戏，"包袱"不断，拢得住人，功夫浅了不行；他还是对口相声和群口相声的发轫者，丰富了表演形式，加强了戏剧性，逗捧有序，高潮迭起。他学京城货声（小买卖吆喝声）惟妙惟肖。蒙古罗王很喜欢他的"玩意儿"，把他延至府中，不让他外出撂地了。今天相声界的演员几乎都是他再传的弟子。他的作品，如单口的《老倭国斗法》《乾隆爷打江南围》，对口的《大保镖》《黄鹤楼》，四人的《四字联音》等传承至今。他的学问、人品、艺德，深受同行和观众崇敬，人称"穷先生"。

清末杨曼卿在《天桥杂咏》中赞他：

信口诙谐一老翁，招财进宝写尤工。
频敲竹板蹲身唱，谁道斯人不怕穷？
日日街头撒白沙，不需笔墨也涂鸦。
文章扫地寻常事，求得钱来为养家。

此诗写出了朱绍文的形态，却没有说出他安贫乐道、出淤泥而不染的高贵品质。这在天桥艺人中是多么难能可贵呀！"穷不怕"继张三禄之后，开启了一个"平地抠饼"的新行业——说相声。一些极聪明的穷苦人找到了一条靠才智和自身条件，平地起家的谋生之路。

侯宝林，一个连自己父母姓字名谁都不知道的苦孩子，打小要过饭，捡过煤核儿，在粥厂打过粥，卖过冰核、豌豆、报纸，只要能糊住一张挨饿的小嘴，他什么罪都能受，什么苦都能吃。他常挨饿，知道饿得前心贴后心的滋味有多难受；他也有高兴的时候，那就是在鼓楼、天桥的空场里，看见说相声的人口吐莲花，比比画画有多可乐。十二岁，他跑到天桥，跟拉京胡的颜泽甫学京戏，后来师徒一起搭了三角市场"云里飞"白宝山的戏班，拉场子、串妓院卖唱。

侯宝林如愿以偿，跟着"云里飞"边学边唱，一举学了京戏、相声两门功课。更主要的是，他能在演出中觉察出观众爱看爱听什么玩意儿，这对他以后的攒活儿（创作）至关重要。他在天桥、鼓楼、西单的场子里看李德钖（艺名"万人迷"）、焦德海、高德明、常宝臣、朱阔泉（艺名"大面包"）等老艺人的表演。趁下完雨晾板凳晒场子的时候，他央告人家，说好话，让他下地练上一小段儿。可干一行有一行的规矩，没门子不行。经人说合，他先被朱阔泉收养，后拜其为师，开始正式学艺。朱阔泉是焦德海（张三禄后相声的第四代传人）的徒弟，与张寿臣、常连安、汤金城是师兄弟。侯宝林成了相声的第五代传人，与常宝堃（艺名"小蘑菇"）、刘宝瑞同辈。这时正是相声的鼎盛时期，京津地区好角儿云集、风格各异，没有点儿绝活儿拢不住人。侯宝林思路清晰，他遍观京津同行的取胜之处，掂量自己的长短，做了三件事：

第一，选择了同在天桥作艺的郭启儒做搭档。郭演出风格朴实厚道，正与他华丽多彩的风格形成反差：高问低答，一唱一和，听着看着都很舒服；

第二，清理段子中庸俗低级、骂人损人、搂便宜的"包袱"，净化演出内容，挖掘段子里的艺术精华；

第三，发挥自己唱做俱佳、模仿能力强的优势，或改或创，丰富演出节目，别具特色。

他们来到曲艺竞争最激烈的天津，而且走进剧场，从平地升到舞台。这样既拉开了与观众的距离，便于表演，又为观众提供一个全景观摩的空间。自然，被人瞧不起的撂地玩意儿，也因此升格成了舞台艺术，相声演员也能和京剧演员一样成角儿！无论是京剧，还是"杂耍儿"（曲艺），天津观众眼里可不揉沙子。他们发现侯宝林的玩意儿地道、不脏、有真功夫，不同凡响。很快，他在剧场的排序也由压轴，提升到大轴。几家电台也邀请他们去说。侯宝林、郭启儒在天津一炮而红，他们与常宝堃、赵佩茹，马三立、张庆森、郭荣启、朱相臣等相声艺人一起，共同努力，给传统相声开创了一个承前启后的新生面。

后人景慕侯宝林艺术的博大纯正，当面请教他成功的秘诀。侯宝林脱口而出："这个秘诀就是一个字：饿！为了不挨饿，你就得长本事，比别人强。这才有饭吃！"

天桥的艺人都是经常挨饿的苦出身，说数来宝的高凤山是三河贫苦农民的孩子，随父亲流落到北京，要饭、捡煤核儿，什么都干。后来跟曹麻子学快板，情如父子，练就了清脆流利、响遏行云的快板功夫。他的《诸葛亮押宝》《黑姑娘》等曲目，诙谐有趣，百听不厌。

唱连珠快书的曹宝禄，从小到天桥学梅花调，后跟随金晓珊学习单弦、连珠快书，艺技大进。他借与鼓界大王刘宝全同台的机会，用心揣摩，化他为我，终成名家。他的单弦《五圣朝天》说的是龙王爷、土地爷、门神爷、灶王爷和兔儿爷五位主管尘世的大圣，不适应人世的变革，跑到天庭玉皇大帝面前诉说个人愁苦的尴尬窘状。听着可笑可乐，完全扫荡了五圣的神威，极具讽喻情趣，是艺人自

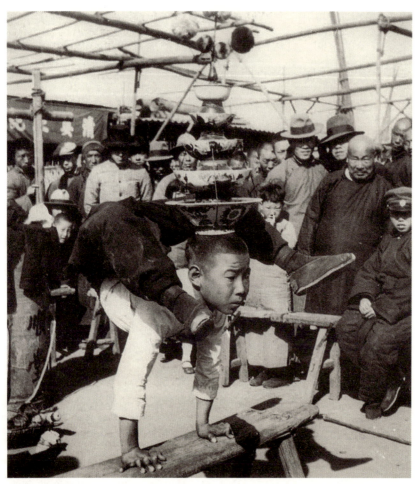

老北京天桥杂技

创的杰作。还有被称作"天桥马连良"的梁益鸣，硬是下私功，把
马先生在大戏园子演的戏搬到天桥，奉献给劳苦大众……

　　在天桥，靠演艺谋生的行当五花八门。

　　唱戏、唱大鼓书、唱莲花落、说评书、说相声、说数来宝、演双簧、演口技、拉洋片等，这算一路，俗称是"吃开口饭的"。

　　还有一路是演出杂技的，例如，变戏法、车技（自行车）、巧耍花坛、抖空竹、踢毽子、钻罗圈、盘杠子、练武术、耍大刀、耍狗熊等等。这些艺人在生存艰难的状况下，继承了传统杂技，保存了这份文化遗产，难能可贵。

　　1950年春，正是在这些艺人的基础上，中国杂技团（时名中华杂技团）组建，代表新中国首先出访苏联和东欧各国，他们的精彩演出轰动国外，反响良好。人们这才醒悟，原来旧日天桥撂地摊的"玩意儿"，竟是国宝！

1950年春，中国杂技团访苏演出

"小吃"的天下在天桥

老北京的小吃品种繁多、天下闻名，例如豆汁儿、豆腐浆、豆腐脑、老豆腐、杏仁儿茶、茶汤、油炒面、面茶、粳米粥、大麦粥、腊八粥、莲子粥、轧饸饹、拨鱼儿、豆面丸子、炸豆泡儿、卤煮小肠、炒肝儿、包子、灌肠儿、爆肚儿、杂碎汤、羊霜肠、馄饨、馅饼、烧卖、褡裢火烧、烧饼馃子、门钉火烧、焖炉肉饼、焦圈儿、薄脆、糖耳朵、糖麻花、蜜麻花、桂花元宵、小枣切糕、年糕、扒糕、炸糕、炸三角、盆儿糕、蜂糕、豆渣糕、甑儿糕、糊涂糕、粽子、驴打滚儿、瞪眼食、凉粉、面鱼儿、豌豆黄儿、芸豆卷儿、江米藕、艾窝窝、果子干、玻璃粉、酸梅汤、雪花酪、冰碗、刨冰、冰激凌、奶酪、奶豆腐、奶点心、烤白薯、炸白薯干、糖葫芦等等，那真是说不胜说，数不胜数。

北京人对北京的小吃情有独钟，几乎每天必吃，离不开、忘不了。早点是油条配豆浆、炒肝儿配包子，晚上是硬面饽饽、肥卤鸡。隔三岔五还要来碗卤煮火烧，再加俩炸糕。逢年过节，更是应时的春饼、粽子、元宵一样不落。阔别京城的海外老人，几十年的梦里，最惦记的是能喝上一口烫心的豆汁儿，尝尝天兴居的炒肝儿，还是不是早先那个味儿。

那么，何谓"小吃"呢？《现代汉语词典》(第 7 版) 解释有三：饭馆中分量少而价钱低的菜；饮食业中出售的年糕、粽子、元宵、油茶等食品的统称；西餐中的冷盘。

这些解释虽兼顾几个方面，却未切中"小吃"的"要害"。

在我的意识中，小吃是相对于正餐讲的。对于有闲者，它是随

北京小吃

意品尝的"零嘴儿""闲白儿"，不管饿不饿，吃的是兴趣、爱好，尝的是一种心灵上的满足，俗称"口头福"；而对于劳苦大众来说，它是花费不多、有滋有味，又能填饱肚子的"上品"，可谓经济、实惠，解馋、管饱。

因此，北京的小吃养育了北京人，它是北京长久以来，多民族和谐共处、文化相融结出的果实。

"小吃"不小，大有文章！

老北京的小吃原本是走着卖的，挑着挑儿，走街串巷，边走边吆喝。后来渐渐分成了摆摊待客和走街串巷两种。也有二者兼顾的，平时推车挑担，到处叫卖；到时候赶庙会，到厂甸挤个地方摆摊。

反正"小吃"这买卖夜夜不得安，终年不得闲。

那么，有没有一个地方，集小吃之大成、保四时之风采，终年不散呢？

有，那就是天桥，这块京城另样的吉祥宝地。

说起天桥的小吃，那是"群英会"，样儿多、味儿正，看着漂亮，吃着便宜、实惠，绝不坑人，也不敢坑人。都说天桥的把式光说不练，天桥小吃摊可是又说又练。因为，吆喝得再好听，也得让人坐下吃，黏人靠的不是卖主的嘴，而是靠穷哥们儿吃得有滋有味儿，顺溜开心，还想再来。

就说"豆汁儿"吧。在天桥众多的小吃摊中，以豆汁儿摊最多，总有十几个，遍布各个市场，说明豆汁儿招众人喜欢。

从前，北京城里街巷胡同有很多粉坊，专门制作淀粉和粉丝、粉条。粉丝、粉条晒干后晶莹透明，随时可用，以绿豆粉最好。具体做法是驴拉或人推石磨磨豆子，一边添豆子一边加水，石磨上就出现三样"产品"：

顶细的浆汁儿用来做粉，这是主产品；

较稀的水汤儿流到另一个桶里，就是豆汁儿；

剩下的豆渣，用锅煮去青气味，就是京城的另一名吃——麻豆腐。

豆汁儿本是做粉时的下脚料，俗称"酸泔水"，天一热就发酵，气味难闻，随手倒掉。而北京人历来节俭成性，觉得倒掉可惜，就加热煮开，一尝，别有风味，又解渴，又解饿，无意中发现了北京的一宗"名吃"！

豆汁儿还分老浆、清浆两种。老浆稠，熬透了，就是摊上喝的豆汁儿；清浆稀，熬制时还要兑上捣碎的小米或白米或绿豆面，熬得稠糊糊、香喷喷，不似白粥，胜似白粥，名曰"豆汁儿粥"。

豆汁儿的口味，随着发酵的程度分微甜、甜酸、酸三种，发酵时间越长，口味越酸。

喝豆汁儿必配好咸菜，如老腌芥菜疙瘩、大腌萝卜、暴腌白菜帮子等大路菜。要求刀工细，颜色好，咸得适度，香得可口，桌上还配有清亮的炸辣椒油。照例，咸菜装在大盘子里，任人白吃；精细的咸菜，如暴腌苤蓝、八宝酱菜等则要另交钱。摊商还配有焦圈儿、油炸馃、烧饼等食品，供人选用。

豆汁儿色青、味酸，有一种奇特的味道。许多人喝不惯，甚至鼻闻之欲呕，而喜爱的人嗜之如饴，并且上瘾。尤其在盛夏难耐的时候，到摊上喝一碗滚烫的豆汁儿，就着可口的咸菜，必然发出一身透汗，那叫痛快！据说它能保你一夏天不得病，你道奇也不奇？

当年京剧大佬谭鑫培、梅兰芳、马连良等名家吃遍了山珍海味、西洋大餐，演完了戏，偏喜欢到铺子里喝碗热豆汁儿，卸卸劲儿，缓缓神儿，觉得嗓子特别舒坦；就是没去铺子的工夫，也让店里的小伙计把热豆汁儿送到家里，说是喝豆汁儿对嗓子好，有保养的奇效。

豆汁儿成了北京小吃独一无二的代表作。

当时北京著名的豆汁儿店有琉璃厂张家，东安市场徐家、何家，天桥的舒记四大家。这四家铺面、餐具、制作都很讲究，就餐的人也比较阔绰，是登上"大雅之堂"的豆汁儿。

1950 年，我在灯市口育英中学上学时，中午下课常到街北路边豆汁儿摊上喝一碗豆汁儿，两分钱；吃半斤烙饼，六分钱，就着不要钱的咸菜，吃得饱饱的、美美的，下午听课蛮有精神。

也有走街串巷的豆汁儿挑子，一头小火炉上坐着一锅开开儿的豆汁儿，一头是个小方桌，放着咸菜、焦圈儿、碗筷等，还挂着几个小板凳。到人多的地方，放下挑子，吆喝一声："豆汁儿——开锅。"

除了豆汁儿，豆腐脑的浓香一直留在记忆中。喝豆腐脑，讲究的是卤，自然豆腐也要嫩爽。先把泡发了的黄豆磨成浆，煮沸后点上适量的生石膏，就成了又白又嫩的豆腐，装进擦得锃亮的红铜锅里，如同脑状。卤要用上好的羊肉、正宗的口蘑及黄花、木耳等辅料熬制而成，羊肉、口蘑搭配出混合浓香，无与伦比。

我记得天桥老电影院（我在那儿看过无声电影《火烧红莲寺》）门前的豆腐脑最正宗。吃时，摊主先问，要不要豆腐？怪了，吃的是豆腐脑，怎么不要豆腐？原来，很多人就是冲着卤的浓香去的。不过，我还是喜欢吃红白相间的豆腐脑。只见摊主用特制的红铜薄片勺盛起豆腐，再浇上浓浓的羊肉卤，点上蒜泥、辣椒油，那味道令人垂涎、难忘。此处，非张家口的口蘑不可，它特有的清新气味奇异地与羊肉匹配出一股迷人的浓香，迷得人走不动道儿，非吃这一口不可。这是任何一种蘑菇也替不了的。

小吃不衰，是小商小贩精心维护、不敢倒牌子的结果，那是他们养家糊口的命根子。所以，也如同大买卖老字号的经营一样，选料必精、制作必细、造型必美、器皿必洁、定价必廉。东来顺不就是从摆摊卖熟杂面、荞麦面扒糕做起来的吗？小有为，大，方有为；

民国时期的一家小吃店后厨

北京小吃驴打滚儿

小文章，未必没有大道理。

　　余生也晚，只赶上了 20 世纪四五十年代，老天桥转身消失前的一个短短的却颇为辉煌的"尾巴"。借助姥姥家住在天桥的福长街头条，短不了三天两头地往天桥跑，倒不光是因为姥姥家的贴饼子香、大腌萝卜咸，老天桥的玩意儿也着实叫人乐此不疲，它充填了我童年的好奇和乐趣，所谓"近朱者赤，近墨者黑"，或者叫潜移默化吧，天桥的种子还真的早早植入了我小小的脑仁里。检点平生，得益天桥的知识还真不少……

前门大街

正阳门（俗称前门）大街位于中轴线南段，它能成为喧嚣躁动的闹市商街，得益于天时、地利、人和。三者相较，地利尤其占先。

永乐皇帝修北京，把天坛、先农坛建在中轴线南头的两侧。一条黄土垫道、净水泼街的宽平大马路，从国门正阳门向南笔直地延伸，经过高耸的汉白玉罗锅天桥，稳稳地送达东西两坛。

清初，以写《桃花扇》名动朝野的孔尚任描写这条路，那时候是"前门辇路黄沙平"，后人也说及路旁的"绿柳树，马缨花"。可见，专门为皇上祭坛、出巡预备的这条"天街"，是何等宽敞洁净、赏心悦目！但是，庄严的背后也隐藏着巨大的忧患。因为不时受到漠北蒙古军队和满洲后金部队的袭扰，城外的战事不断，所以明朝时期正阳门外一度清冷寥落。

然而，天街的寂静也还存着另一番美意：出前门，过护城河，就能目睹早年辽金时代莲花池水系的遗存水道，呈现出一派绿柳红荷、桨声欸乃的江南景色。再者，由此向西便可以抵达原金中都残留的古寺园林，如法源寺、天宁寺、白云观等处。因而，自元以后，城里的文人墨客、官宦士绅就喜好到这里探春访柳，吟诗寄畅，前门大街成了北京郊游的胜地。

明以后，通惠河中断，客货运集结点转到城南，加上卢沟桥每日南来北往的旅客，前门外渐渐由冷而热。人聚市兴，天街的神秘色彩淡薄退化了，代之而起的是一条商贸兴隆的买卖街。朝廷因势利导，在街西空地修建了安置店铺的廊房，招商引资。廊房共建了四条，唯有排序第四的廊房四条最红火，后以"大栅栏"名噪天下。加之街东的鲜鱼口、打磨厂早已市声飞扬，一些经营有方的商店陆续在大街两旁建店，因其百货云集、诚信无欺，深得顾客青睐，渐成品牌，名列"老字号"。

为保外城百姓安全，嘉靖年间加修了外城墙和城门，中轴线南端建起了永定门，至此，完善了北京 7.8 千米的中轴线。前门大街愈加光彩熠熠。

前门大街的走红，至关重要的一笔是，北京不光通了火车，而且把东西两个火车站硬安在慈禧皇太后的鼻子底下，搅得紫禁城里的男女老少，天天听着火车长长的汽笛声过日子。前门真的成了北京迎来送往的前大门。南来的，北往的，东进的，西出的，都打前门楼子底下经过，这下子把前门大街及其连带的街巷胡同，如大栅栏、鲜鱼口、西河沿、打磨厂、珠市口、天桥都搅动得热闹非常，

清末民初时期的前门车站

无街能比。

　　铁道交通的应用，极大地改变了人们的物质和文化生活。前门的两个火车站便利了海内外人士自由地进入古都，他们带来了国内外的各种信息、先进的科学技术和丰富多彩的文化，前门大街首先受惠。比如邻近西站的西河沿开办了几家银行、钱庄、旅馆、货栈，还创建了新式百货商场——劝业场；街边商店的门脸儿和店堂也一改"老例儿"，开了洋荤，换了模样；西药店、番菜馆、西服店、照相馆等经营洋货的买卖，相继在街里街外开张。清光绪十八年（1892），有个喜好洋玩意儿的掌柜任庆泰，就率先在和平门外琉璃厂附近的土地祠开了家"照小人儿"的丰泰照相馆，招惹得一街两巷的人，整天围在橱窗前看京剧名角儿和胡同里大姑娘的照片。任掌柜思想新、脑子快，除了照相，又托人买来外国新发明的拍电影的机器和胶片，礼请京剧老生泰斗谭鑫培主演《定军山》，选拍了"请缨""舞刀""交锋"三折，第一个吃了"电影"这只螃蟹，成就了中国第一部电影。他还在大栅栏西口开了京城第一家电影院：大观楼，循环上映好莱坞大片，几乎与美国的头轮电影院同步。这个人、这个事，新鲜得出奇！可这"奇"离不开前门大街。

老字号支撑了前门大街的丰厚与辉煌。别看铺面有大小，能经营百年就是一篇大文章。游逛大街从箭楼到珠市口一段，谦祥益绸布庄、月盛斋、盛锡福、亿兆百货、公兴南纸店、正明斋糕点铺、通三益干鲜果店、都一处、正阳楼、华北楼、壹条龙、天章涌酱园、永安堂药店、长春堂药店、庆仁堂药店、南山堂药店、森泰茶庄、永安茶庄等等。几乎一店一铺都有来历。

搜寻老字号的创业、继承和发展史，虽然店店不同，行业各异，但成功的奥秘大体相近。中国文化讲究天时、地利、人和，又有"天时不如地利，地利不如人和"的经验之谈，最后还是归结到"人和"上。

这是中庸思想，求协调不走极端，为的是创造安稳平和的发展局面。

1940 年前后的前门大街

焕然一新的前门大街

入夜，前门大街灯火通明。大街上空，霓虹灯闪烁变幻，大喇叭里流行歌曲飞扬。传统的"老字号"与时髦的百货公司和谐地迎来送往，兼容并包，相得益彰。

说起前门大街的夜市，我的印象很深。

白天大街两侧的便道（人行道）供人行走，到了晚上便道的外侧，很快支起一列长龙般相连的货摊，上吊明灯，下摆货品，吃的、穿的、用的、听的、看的，花花绿绿，应有尽有，而且物美价廉，看着爽眼、买着舒心，很受一般市民欢迎。长街夜市每晚都有，一直开到午夜，"走，逛前门大街去"，这一举措既丰富了市民的夜生活，又解决了一部分贫苦人的就业，真可谓一举两得。

前门大街的兴盛，自然带活了附近街巷胡同，形成主次分明、分工明细、各具特色又相互补充的大片商业区，它的浸润力之强，信誉之高，在京城无街可比、独此一家。

大栅栏

大栅栏，原本叫"廊房四条"，是条东西长 270 米、宽 9 米的步行商业街，东街口铁栅栏高耸，京城名店、老字号鳞次栉比，像同仁堂药店、瑞蚨祥绸布庄、六必居酱园、天蕙斋鼻烟铺、张一元文记茶庄、祥聚公糕点铺、二妙堂咖啡馆、内联陞鞋店等，挤满南北街面。大栅栏街的西头，穿过南北向的煤市街，连通观音寺短街，接近红粉卖笑的"八大胡同"之一的石头胡同。再向西走，经过延寿寺街就是宣外的文玩古街琉璃厂了。

20世纪三四十年代的大栅栏

如今的大栅栏

瑞蚨祥绸布庄

穿行大栅栏街一个来回，你会有一个突出的感觉：瑞蚨祥太厉害了。在寸土寸金的短街中，瑞蚨祥一家就开了瑞蚨祥绸布店、瑞蚨祥皮货店、西鸿记茶庄、瑞蚨祥西号和东鸿记茶庄五家商号，占地之大，门脸儿之气派，无与伦比。

瑞蚨祥是蜚声中外的大商号，位居京城绸布业"八大祥"之首。辉煌时期，瑞蚨祥在大江南北开设过以绸布业为主的一百零八家多种行业连锁店，举世罕见。它从不打广告，但北京人把"身穿瑞蚨祥"挂在嘴边上，成了京城各界人士讲"穿"的共识与追求。这是瑞蚨祥用实实在在的诚信赢得民心的结果。

不光如此，瑞蚨祥"货真价实，童叟无欺"的许诺，为京城商界注入了儒家"民本"的因子，浸染了世俗世风，潜入了京味商业文化。它率先开拓了一套行之有效的经营管理模式，极其难能可贵。这一经营理念也远涉重洋漂到了美国，引发了有心人的关注。从小送报纸出身的山姆·沃尔顿，在谈到他缔造美国零售王国沃尔玛的时候，情不自禁地说："我创立沃尔玛最初的灵感，来自中国的一家古老的商号。它的名字来源于传说中一种可以带来金钱的昆虫。我想它大约是世界上最早的连锁经营企业。它做得很好，好极了。"这家"世界上最早""好极了"的连锁企业，就是清光绪十九年（1893）孟雒川在北京大栅栏创办的瑞蚨祥绸布店。

孟雒川（1851—1939），名继笙，字雒川，以字行，山东章丘旧军镇人。清咸丰元年（1851）孟雒川出生在章丘旧军镇一个殷实的地主兼商人的家庭里。他的祖上是明洪武二年（1369）从直隶枣强迁移到章丘旧军镇的亚圣孟子第五十五代孙孟子位、孟子伦兄弟及其家人。他们脑子活，知时顺势，并不墨守成规，而是遵从"民本"思想，就地取材，供民所需，走上了经商之路。孟家先是开小杂货铺，传到康熙朝孟子伦的八代孙孟闻助的时候，渐而调整为以卖布为主。孟闻助到章丘和邻近县的农户家收购自织的"大捻布"，而后拿到周村（有"天下第一村"之称）和济南的庙会、集市去贩卖，购销两旺，生意做得不错。

清道光元年（1821），孟家在周村开了万蚨布庄。"蚨"为何物，何必求"万"呢？这里孟家的本意说得不直白，用了个障眼法，拖出一个典故。

《淮南子》里有个"青蚨还钱"的故事。传说南方有一种虫，叫"蚊蜗"，又叫"青蚨""鱼伯"。青蚨把小如蚕卵的子甩在草叶儿上。如果有人把它的子拿走藏起来，那母青蚨就变着法儿地飞来，总会找到。如果用母青蚨的血涂在八十一文铜钱上，用子青蚨的血涂在另外八十一文铜钱上，每次去买东西，无论是用母钱还是用子钱，用掉的钱都会飞回你的钱袋，如此反复，钱就永远用不完了。因此世间也把钱称作"青蚨"，把"飞去复飞来"的青蚨钱，叫"神钱"。有数以万计的"青蚨""飞去复飞来"为万蚨布庄赚钱，孟家能不大发财源吗？

孟家传到孟闻助的五世孙孟兴智、孟兴泰兄弟的时候，家境已然富裕，兄弟东西两门八子各立堂号，旧军镇遂有"八大堂"之说。世海游弋，鱼龙变化，渐而西四堂的矜恕堂集纳了其余三堂，财源广聚，生意越做越大，瑞蚨祥脱颖而出。而东四堂的传人也不甘落后，创建了谦祥益等绸缎店，孟家的"八大祥"遐迩闻名。这是后话。

清同治元年（1862），孟家在济南院西大街（今泉城路）路南买了块地皮，建起了五间门脸儿的店房，金字大匾高悬，上书两个楷体大字——瑞蚨。字面显示，孟家的追求延伸了，光是"青蚨还钱"还不够，还要天赐祥瑞，保佑好运长久。再往后，字号干脆补成了"瑞蚨祥"，一个"祥"字，标示了章丘孟氏家族经营绸布业的统一吉祥名号。

济南老店当时以经营布匹为主，兼营绸缎、绣货等物。由于买卖刚开张，字号簇新、门面华丽、货色齐全，加上地处繁华闹市，一开张就门庭若市，生意兴隆，一下子超过了济南原有的庆祥和隆祥两家绸布业老店。

孟雒川兄弟四人，他最小，也最聪明伶俐，人们戏称他"孟四猴子"。不幸的是他很小的时候，父亲孟传珊就去世了，家业转由他三伯父孟传珽署理；幸运的是母亲高氏不仅精明强干，而且极富经商的心机，言传身教对孟雒川影响很大。同治七年（1868），十八岁的孟雒川闪亮登场，他不仅掌管了本房矜恕堂开设的瑞蚨祥绸布店，还兼管了旧军镇孟家三恕堂、其恕堂、容恕堂、矜恕堂四房共有的庆祥布店和瑞生祥钱庄。

孟雒川掌管了瑞蚨祥，花心思的一件大事就是用人。他明白，自己是帅，是统领三军打仗的大元帅，他本事再大，也要靠精兵强将和足智多谋的军师组成集团军，才能攻无不取、战无不胜。环顾四周，仔细详查，孟雒川在钱庄界发现了沙文峰。沙文峰也是章丘人，此人眼界开阔、头脑灵活、精明能干，办事果断严谨。孟雒川委派沙文峰担任济南瑞蚨祥绸布庄的经理，沙文峰一上手就把瑞蚨祥管理得井井有条，生意迅速红火起来。后来瑞蚨祥又逐渐把触角伸向烟台、青岛、天津、上海等重要商埠，奠定了连锁店的初创模式。

孟雒川在济南红得发紫，却并未在奉承声中头脑发昏，他志存高远，谋划的是进驻千里之外皇上居住的京城。为此，他在清光绪十六年（1890）来到北京转了一圈，走街巷、逛市场、观社情、看民需，心里有了数，跃跃欲试。回到济南，他选派族侄孟觐侯带着一个伙计和一批大捻布，进驻前门外鲜鱼口里与布巷子相邻的抄手胡同，开门营业。

孟觐侯来到京城，住在前门外，每天置身在鳞次栉比的商店和熙熙攘攘的游人当中，深深感到那喧闹繁华氛围的背后充满勃勃生机和激烈的竞争，这是住在济南城里怎么也感受不到的。他沿着不长的前门大街街面寻找同行绸布店：在前门楼子底下最热闹的西月墙，他看到同治年间开张的瑞林祥绸布店；绕到东月墙是谦祥益绸布店，店里货色齐全，既有山东老家的土布，也有进口的各色洋布、江南的绸缎，每日里人出人进，生意十分繁忙。他还注意到前门大街东西两侧，瑞林祥在鲜鱼口西口路南开了"瑞林祥东记"分店；谦祥益在东珠市口西口路南开了分店"益和祥"；瑞生祥还在打磨厂路口南开了分店"瑞增祥"。而山东昌邑高姓老乡，早在道光年间就在鲜鱼口和大栅栏开设了"天有信"和"天成信"两家布店，在京城最早出售洋布，很有实力。

不长的前门大街，布店这么多、货品这么全，说明四时八节人们的衣饰不同，川流不息的顾客不但需求量大，而且品种多样，常卖不衰。

孟觐侯带来的大捻布厚实耐穿，如同京城畅销的高阳土布，很受京城乡镇农民和一般平民的欢迎，对瑞蚨祥来说是细水长流，不可忽视；但引起孟觐侯重视的是京城住着的皇上娘娘、皇亲国戚、达官贵人、文人墨客、巨贾富商、戏曲名伶和海外旅华洋人士绅。这些人位居高层，活的是排场，要的是面子，摆的是架子，穿戴最讲究，一天八换。孟觐侯顿悟：这批顾客虽然人数

瑞蚨祥柜台

不多，却该是瑞蚨祥长久供奉的"财神爷"，瑞蚨祥光靠销售大捻布能有多大的前程？从济南搬到北京，地方换了，更要紧的是脑子必须跟着换，要摸准京师的"人脉"，看人下菜。

孟觐侯回到济南把自己的想法一五一十地禀报给孟雒川，孟雒川点头称是。俩人仔细合计了一番，他们给北京即将开业的瑞蚨祥铺垫了三块基石：

第一，增加货色品种，满足各个阶层的需求，特别是瞄准上层权贵士绅，扩展相关业务；

第二，新店址一定要选在前门外最繁华的大栅栏；

第三，守住"货真价实、童叟无欺"的宗旨，让瑞蚨祥凭借良好口碑在京城扎根。

孟觐侯返回北京，可巧大栅栏东口路北有家铺面出让，孟觐侯立即花了八万两银子买下，经过一番筹备，大约在清光绪十九年（1893），瑞蚨祥在大栅栏开张，开启了新的创业史。

大栅栏人气旺，靠的是沿街店铺的信誉。商家务求货真价实、服务周到，在京城树立了"买东西就到大栅栏"的良好口碑；加之大栅栏紧邻前门东、西火车站，每日进京的旅客都要到这里逛一逛，买点伴手礼带回家，也给大栅栏扬了名。瑞蚨祥进入这样的行列自然不能落伍，货色更全、质量更好、服务更周到，优中创优，很快赢得了京城内外的赞许。

孟觐侯心思绵密，在大栅栏街南专门开设了一处带花园的接待处，专门款待高层权贵客户。它与粮食店街中和戏院的后门相通，梅兰芳、荀慧生等京剧名家演出前后，往往信步来这里闲坐、休息，有时顺便挑挑衣料，做几件时新的衣服。在这里，贵客选购商品如在自家，只需发话或递个纸条，自有伙计把货品送到面前，任由挑选，直到满意为止。成交后也不必付现钱，可以记账，年底结算。如此不进店铺、不带银钱，不显山显水就完成了一次交易，而且颇受尊崇款待，自然获得了上层权贵富绅的喜爱。

瑞蚨祥对服务只有高没有低，对顾客一视同仁，同样礼遇。在大栅栏街面门市，不论什么身份的客人都能从瑞蚨祥获得一份尊重。比如，在店门外设了停放车马的空位，门内设有茶桌座椅，买不买东西无妨，来的都是客，总有人谦恭地敬烟、让茶，温煦如春；对办货多、久坐的顾客，夏天还送西瓜、茶水。乡间老财为给儿女办喜事，来瑞蚨祥挑选彩礼，既有面子，又受店方款待，还招待酒饭喜上添喜。对大客户，一旦买卖成交，随来的用人、侍女、车夫总能得点柜上的"小意思"，上上下下皆大欢喜。只几年时间，瑞蚨祥就名声大噪，盈利大幅增长，俨然成为大栅栏名店街中的后起之秀。

孰料地利优厚，天时却不予。清光绪二十六年五月二十日（1900年6月16日），义和团火烧大栅栏老德记药房，一把火烧了一天一夜，大栅栏地区连同前门大街、前门楼子俱都深陷火海，几千家店铺戏园被烧成一片瓦砾，蒸蒸日上的瑞蚨祥只剩下半壁门楼，残砖断瓦，灰烬积丘。紧接着八国联军入城，烧杀劫掠，京师顿成人间炼狱。继清咸丰十年（1860）英法联军践踏古都、火烧圆明园之后，北京再遭奇耻大辱！

　　国难当头，瑞蚨祥面临着两难的处境：是为大火烧毁，就此关张歇业呢，还是继续在大栅栏重整旗鼓，浴火重生？歧路彷徨，还是这个能谋善断的孟觐侯，他透过眼前的焦木瓦砾，看到了日后瑞蚨祥必大有作为，便在孟雒川面前，一力承担下重建瑞蚨祥的重任。

　　孟觐侯回到京城宣布，大难伤众，需要互相帮衬。由于账目烧毁不全，凡是从瑞蚨祥借过钱、支过货的客户，一笔勾销；凡是瑞蚨祥欠过钱或货的客户，只要有凭据，瑞蚨祥如数偿还，绝

民国初年北京大栅栏瑞蚨祥店面

不失信。这一允诺立即轰动京城，危难之中见真诚，瑞蚨祥名声大振！

痛定思痛，孟觐侯不惜重金请名家设计了西式的镶嵌铁花栅栏的坚固门墙和铁栅栏大门，前院停车场高搭敞亮通风的铁罩棚，两层楼的正门门脸儿则是中式玻璃木隔扇样式，真材实料，磨砖对缝，既美如殿堂，又固若金汤，防水、防火、防盗贼，如一座铁打的营盘。一年后，这座中西合璧、富丽堂皇的商号重张，惹动京城万千观众涌进大栅栏，以观其详。1912年2月29日，曹锟率部发动兵变，士兵抢烧王府井、大栅栏等京城闹市的商店，几次强攻瑞蚨祥大铁门，终因坚如铁壁铜墙而作罢，大栅栏唯有瑞蚨祥躲过这一劫。

走进瑞蚨祥的货场，放眼望去，尽是五颜六色的花绒布匹，却井然有序，层层递进，按照出售的货品分为前柜、二柜和楼上三大部分，便于顾客选购。

有暑必有寒。北京冬季天寒地冻，长达五个月，有钱人还未入冬就准备起各种缎面皮袍。早在清宣统元年（1909），瑞蚨祥就在二楼设立了皮柜，供应各种珍贵皮草和绸缎面料，请手艺高超的裁缝量体定制。关键是货源，瑞蚨祥设立皮柜后，派行家里手赴山西、东北、内蒙古等地高价选购优质皮草，极力经营、精工细做，颇得京城朝野权贵人士的欢心。一改此前京城的皮货被晋商垄断的局面，瑞蚨祥的皮袍成了京华时尚名牌，领军京师皮草业。1924年，瑞蚨祥又增设了金柜，金银首饰华丽耀眼，招徕贵妇小姐，业务大进。

细细想来，当年瑞蚨祥在大栅栏创造的业绩能延续到今天，离不开孟雒川、孟觐侯等管理者的孜孜以求，也离不开一代代瑞蚨祥传人的辛苦耕耘。1956 年 12 月 7 日，毛泽东在一次谈话中说到"老字号"时，有一句"瑞蚨祥、同仁堂一万年要保存"的话语。字号保存很容易，关键是商品的质量价格和老店优秀的经营作风能否一以贯之地传承。

1928 年国民政府南迁后，孟雒川的靠山倒了，他的权贵主顾们也纷纷南下了，瑞蚨祥风光不再，开始走下坡路。继而日寇侵华、国民党打内战，军痞讹诈，土匪抢劫，种种厄运如飞沙走石般扑向瑞蚨祥。大栅栏的老字号瑞蚨祥，有如风中灯、火前蛾，气息奄奄。此时孟雒川年迈气衰，再也无力独擎将堕的大厦，加之后继无人，只有听天由命。

1939 年 9 月 7 日，一代富商孟雒川在天津撒手人寰。据说，他一生不抽烟、不喝酒、不喝茶，不修边幅，食宿穿戴都不甚讲究。他是高是矮，是胖是瘦，外人难说。奇了，这么一个叱咤风云的商界巨子，竟没留下一张照片，令人错愕！但人们说起瑞蚨祥，必然想起孟雒川，那个成就瑞蚨祥的山东人。

1949 年 10 月 1 日，大栅栏北面的天安门广场炮声隆隆，随着高亢的《义勇军进行曲》，中华人民共和国第一面国旗冉冉升起。制作国旗的红绸即购自瑞蚨祥，这是瑞蚨祥献给新生的共和国最珍贵的礼物。瑞蚨祥老字号重获新生，大栅栏商街重又人流如织，购销两旺。其后，经过公私合营，北京和各地的瑞蚨祥招牌还在，只是再无连锁关系。

内联陞鞋店

北京人穷讲究，看人看穿戴，不在乎档次高低，而在乎穿戴是否得体、整洁，所谓"笑破不笑补"。这内中，对脚下一双鞋的搭配格外注意，俗话说"爷不爷，先看鞋"，"脚下没鞋穷半截"。试想，一身西服笔挺，配一双脏了吧唧的破旅游鞋，您觉得掉色不掉色？

早先，京城男女大多穿布鞋。生活富裕点儿的到鞋铺拣着样儿地买鞋穿，男的时兴礼服呢小圆口便鞋，女的时兴缎子面绣花鞋，一般家庭都是主妇挑起为家人做鞋这件日常的差事。北京人过日子历来节俭，不糟践东西，全家日常淘汰的破衣烂衫、碎布头儿零布块儿都不扔，凑够了数，洗净晾干，刷糨糊裱在木板上，大太阳晾干，贴成硬邦邦的"袼褙"，揭下备用。要做鞋了，取出压在炕席底下的袼褙，按脚型大小肥瘦裁剪，层层叠加，黏合成鞋底儿；再搓麻绳，用锥子使劲儿锥透鞋底，将麻绳一针挨一针地依序纳进、勒紧。针脚紧凑仔密、排列整齐，把鞋底子纳得坚实如铁，而后选面料、选鞋样做好鞋帮。再到街上，请鞋铺的匠人把鞋底、鞋帮绱在一起，再在鞋里排进木头楦子定型，于是一双崭新美观的布鞋大功告成。

我上中学以前穿的布鞋，包括冬天穿的骆驼鞍"毛窝"，都是妈妈、姨们做的，唯独七岁上小学那年从山西太谷老家捎来一双靰鞋，鞋尖扳起包着小牛皮，俗称"踢倒山"；鞋帮两侧各绣着三只彩色蝴蝶，垂着须穗儿，俨然是一件绝美的工艺品，哪里还舍得穿？我打心眼儿里爱它，佩服老家二奶奶的心灵手巧。这双靰鞋不仅好看，而且好穿，口紧膛大、兜跟贴脚、舒适轻巧、抓地生风，走起路来健步如飞。小学开春季运动会，我穿它赛百米，居然跑了第三名，

大栅栏内联陞鞋店

得了个铅笔盒。六年小学毕业，鞋帮破了，鞋底薄了，帮和底愣是没有开绽！1950 年我上初中，父亲奖励我去天津，在滨江道买了双捷克产黑皮鞋，轻软舒适，并不板脚，刮风下雨，走道跑步全是它，一直读完六年中学，穿着它走进燕园。

京城海涵，容得下四方人，接得住四方物。府里老太爷过冬要穿扎着云头肥帮厚底的"老头乐"，上朝的老爷们要蹬青缎子朝靴，出阁的千金小姐要准备几双彩缎绣鞋，台上的"角儿"们，下得台来，要穿一双轻便鲜亮的小圆口皮便鞋……人各有志，鞋各有样，这么讲究的"鞋"家里可做不了，谁做？匠人，要靠鞋匠的巧手缝纳，为四九城布下脚下祥云。

这就有了咸丰年间武清县的赵廷日后进京登台亮相的故事。

武清县在天津西，离北京通州不远。赵廷从小就看见家人一年到头地在土里刨食，既养不起家，又填不饱肚子，日子苦，苦得没头没尾没指望；却又瞅见村里人闯到京津两地学手艺做买卖，能时不时给家里捎钱、置地，还能回来娶上媳妇。这给小赵廷带来希望，毕竟十几岁懂事了，父母知他从小就有主意，狠狠心放他离家，或许是条生路。小赵廷没去天津，而是一头扎进皇上坐镇的北京城，靠乡亲引荐，他来到东四牌楼一家靴鞋铺学徒。那时候，坐个马扎成天低着头缝鞋做靴子，给常人归置脚底下的零碎儿，是件不受人待见的苦活儿，可他认命、乐意干。从此，他起早贪黑，烧水做饭，看孩子扫地，见人就笑、见活儿就干，一刻也不拾闲。铺子里杂活儿零活儿多得干不完，伺候完掌柜的，还要伺候师傅、师哥，哪儿有工夫学做鞋的手艺，谁又肯把看家的本事一五一十地教给你？赵廷明白，学本事全靠自己的一门心思和两膀子力气。一门心思就是一天到晚不想别的，只盯着师傅手下飞针走线，怎么做靴子、怎么做鞋；两膀子力气，就是一天到晚绝不偷懒，不叫苦、不喊累，一条命全卖给柜上！这一干就是三年零一节（旧时学徒规矩，学徒期满日为第四年五月初五端午节），掌柜的、师哥们全看在眼里，记在心里。这么实在明白的徒弟谁不爱惜，谁不教？

赵廷学了全套的靴鞋手艺，还学了一套伺候顾客的本事。他更虚心，也更勤奋了，手下的靴子越做越精巧，拢住了不少主顾，点着名叫他做鞋，一时供不应求。有位姓丁的军爷，特别赏识他做的靴子，穿上服脚得跟，样子边式好看，谁看见谁都说好，许多同僚经他介绍也都预订赵廷做的靴子。

干什么都要一门心思，不能三心二意。赵廷出门老是低头留意人们脚下的一双鞋。东四牌楼是京师繁华地，达官贵人多，穿靴子比穿鞋的多。往西不远是东华门，官员们上朝，不管骑马还是坐轿，一律穿朝靴，年年如此，月月如此，日日如此，多少官员，又是多少双朝靴啊。这是一笔多大的买卖啊！要是能吃上朝靴这碗饭，他赵廷几辈子不愁吃喝，赵廷越想越不敢想！不敢想更逗人想，细一思量，这么大的生意，自己不做谁做？可单丝不成线，孤木不成林，一个人成不了事啊，起码要有个铺子磴底，再有几个师傅盯活儿，这才有希望。眼下，赵廷穷小子一个，想开个鞋铺岂不是白日做梦？能做梦也好，有梦就有谱儿，就有奔头。那天，他赶到丁爷常去的大茶馆候着，抽空把自己的想法一说，丁爷眉毛一扬，说："好事啊！开个铺子用不了多少银子，我候了。选个好地方，起个好字号，约俩好师傅，是你的事。"

清咸丰三年（1853）重阳节那天，赵廷的"内联陞"靴鞋铺在前门东侧的江米巷（交民巷）开张了，这儿内邻宫城，外邻前门大街闹市，是个内外通吃、两全其美的绝佳地。

鞋铺取个好字号，不光是为买卖挣个好"脸面"，也是为了让商客双方都能从中得到快慰和祝福。赵廷选定"内联陞"的"内"，既有凑近皇宫大内的意思，也有店内成交双方获利的暗示；"联"是联合、联络，兼有连续、连接的意思，一字双关；"陞"是踩着台阶向上升级的意思，不能用表示容量的"升"。内联陞的字号起得好，好就好在包含买卖双方，预示穿我内联陞的靴鞋，保你官运亨通，步步高升！

字号响亮不是吹出来的，内联陞名声在外，靠的是朝靴做得比京城哪家都好！赵廷为官吏做的朝靴，样子、材料、工艺、舒适度必须上乘，三十二层的鞋底既厚实庄重，又不沉重，走起路来绵软轻快无声；青缎子靴面，只取南京产的贡缎，色正淳厚不吸尘，穿在脚上明丽爽眼，与朝服底摆的彩绣搭配。

在内联陞店铺，朝靴有号码齐全的成靴，随到随选。外地官员进京办事，到内联陞总能挑到一双满意的官靴。讲究的官员可以到店里量脚定做，这样做出来的朝靴更伏贴脚型，穿着舒服。对有脚病或畸形脚的官员，内联陞总有办法在靴子里弥补找齐，令穿者舒坦至极，这是内联陞匠人的绝技。赵廷有心计，但凡来店定做靴鞋的官商大户，一律让账房先生登录造册，录存备用。对高官大贾，他另眼看待，逢年过节总是派体面懂事的伙计登门问安，顺手把老爷、太太、公子、小姐的靴鞋尺寸量回来，带回一批活计。逢到三节两寿就有人到内联陞为上司、至亲、好友定做靴鞋作为贺礼，尺寸大小保管合适，因为店里有录存的档案，一查便知。吉日良辰，一双精美的靴鞋装在标有"内联陞"字样的礼盒中，呈现堂前，主人试穿满意，一定夸奖送礼者懂事、聪明、会办事。

赵廷很得意这份顾客档案，名之曰"履中备载"。有了通天的"路引"还愁"财神爷"不频频光顾吗？岁月流逝，贵客日增，"履中备载"成了内联陞的传家宝。

庚子事变时，身处江米巷战火中的内联陞在劫难逃。赵廷望着

大栅栏内联陞鞋店旧影

苦心经营的内联陞焚毁一空，既痛又恨，但他并未心灰意冷，仗着伙计们的齐心，老主顾们的支持，如凤凰涅槃的内联陞，又在灯市口西侧的奶子府重张。此地繁华依旧，东邻赵廷学徒的熟地东四牌楼，南接八面槽、王府井，南北街面冠盖如云、车骑似水，新老顾客不断。叫赵廷熬心的是，当年靠朝靴起家的朝靴如今没人要了：1911 年武昌起义，清帝逊位，谁还穿着朝靴去逛故宫，过当官的瘾啊？好在赵廷心中有数，及时调整货品、顺时而进，稳住老产品，开发新产品，靠品种、款式、质量赢得口碑。例如，受顾客普遍欢迎的千层底小圆口礼服呢布鞋，特别标榜"千层底"，真耶？假耶？店里有斩断的鞋底子为证，那底子层层密压，全是用新布好布打的袼褙，虽无"千层"，却也十分厚实。鞋底子用麻线密集纳实，针脚每平方寸八十一针以上，纳好的底子要经过热水浸泡，热闷后用铁锤砸平，使鞋底不起层、不变形、坚固耐穿、柔软舒适，就是汗脚穿上也风凉不存汗，鞋底不湿。民国时期，特别时兴戴一顶巴拿马草帽，穿一条派力司西裤，外罩一袭丝绸长衫，配一双内联陞小圆口礼服呢布鞋，手舞文明棍，眼架金丝秀郎镜，充分显示时之儒雅，装扮令人欣羡，就是今人观之也不乏风流倜傥之赞。

1935年北平市政府授予内联陞靴鞋一等奖奖状

好日子没过几年。1912年1月，孙中山在南京就任中华民国临时大总统。2月12日清帝退位，授袁世凯组织临时共和政府，孙中山辞职，27日派蔡元培一行到京，敦促袁世凯到南京就任临时大总统。29日晚，袁唆使手下的曹锟部队在京城哗变，放火抢劫王府井、前门大街大栅栏繁华街市，要挟南京政府迁都北京。一场烧抢闹剧再创京城安定，内联陞再遭焚毁。老赵廷悲愤而亡，其子赵云书继承父业，在前门外廊房头条重启内联陞，并在西口的北火扇胡同设立制鞋作坊，扩大生产车间。清帝逊位后，内联陞的经营理念有了变化，兼及普通劳苦大众的脚下。廊房头条离前门东、西火车站很近，装卸货物的脚夫很多，脚下不利落，货物就没法扛上肩。街上拉洋车的"祥子们"整日拉着车奔跑，脚不离地，很费鞋。于是，内联陞研制了实纳帮双梁靸鞋，口紧膛大、跟脚抓地、耐穿耐磨，很受劳苦大众和打拳练武人士的欢迎。

1949年以后，内联陞迎来购销两旺的新时期，北京乃至全国各地的民众慕名来店选购各种布鞋，尤其是老年顾客更钟爱轻软舒适的小圆口布鞋，不少中央领导人喜爱内联陞的布鞋，许多国际友人离开北京时，也不忘到内联陞定制一双布鞋，带回中国的纪念，不忘北京的恬适。

1955年，内联陞与老字号天成斋联营，成立"天成斋联记内联陞门市部"。1956年，公私合营，大栅栏里的老美华鞋店和老九霞鞋店并入内联陞。1958年，内联陞店面迁至大栅栏路南现址。好在内联陞还叫内联陞，都叫了一百多年了，陈年佳酿，老产品出自老字号，老字号让人信服。

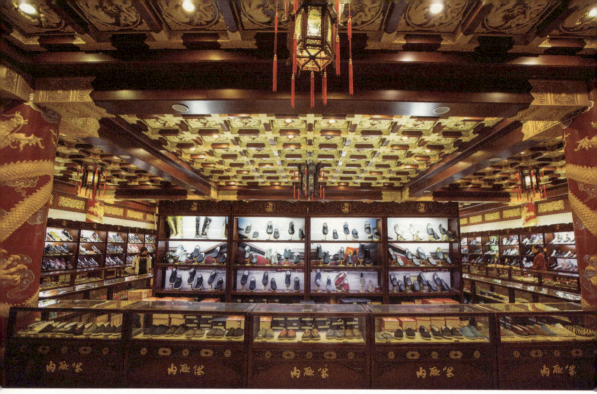

大栅栏内联陞店货柜

同仁堂老药铺

老字号凭什么赢得顾客信赖？四个大字：货真价实。其他什么售后服务啊，态度和蔼呀，文明用语呀，都不过是锦上添花。

老字号出名，是因为它有独到的名牌产品，俗称"招牌货"。比如，全聚德的烤鸭，东来顺的涮羊肉，月盛斋的烧羊肉，内联陞的千层底布鞋，盛锡福的帽子，同仁堂的丸散膏丹，鹤年堂的汤剂饮片……同样的商品，做法、卖法各有千秋。只有货真价实、童叟无欺，博得顾客长久的信赖，才配得上"老字号"之名。

都知道北京有个同仁堂，都看见大堂里挂着的一副对子：

炮制虽繁必不敢省人工；
品味虽贵必不敢减物力。

黑地金字，明明白白，细一想又不明白：这是柜上对后厂选料做药的要求，为什么掌柜的非要把它挂在前庭，亮给顾客观看呢？

为什么？

为了货真，让员工牢记，请顾客放心。

清康熙八年（1669），乐尊育在北京前门外大栅栏路南创办了同仁堂，俗称"乐家老铺"，后来正名"同仁堂"：同修仁德，济世活人。乐家祖籍浙江宁波，移居到北京后，几代人都是以走街串巷行医售药为生。到了乐尊育这一代，靠医道有了些积蓄，就在繁华的崇文门外开了一家药店"万全堂"。他本人又在太医院谋了个吏目的差使，从此接通了与皇宫大内的关系，有机会从太医院收集到大量验证过的古方和民间验方。开设同仁堂后，按方制药，皆有奇效。

乐尊育懂药性，知药理。他知道虽为药材，内里却庞杂难辨，唯真材实料、配伍对症才能除疾治病。同时，他更懂得世理，深知世道浇薄多变，唯顺应时势、趋利远祸，方能家业两全。商道、世道并行不悖，相辅相成。果然，他的后世攀上了皇差，同仁堂于清雍正元年（1723）被钦定为御药房供奉御用药，并独办官药。这等于说，宫里用的生熟药材和配制的丸散膏丹中成药，统统由同仁堂一家包办，它成了天字第一号的大药铺，这一办就是历经八代清帝，188年！

为皇上办药虽是一件美差，却关乎皇家一族老老少少、男男女女的生老病死，稍有差池，不是砍头就是灭门。这养成了同仁堂用药处方不敢懈怠的严密作风，凝结出"炮制虽繁必不敢省人工；品味虽贵必不敢减物力"这句话。而高处不胜寒的处境，又迫使同仁堂不得不高悬"同修仁德"的宗旨，盈利之外，多做些扶危济贫的善事，回报社会，赚取社会的好评和支持。

　　同仁堂得天独厚，获得了我国中药宝库的丰厚资源和无人能比的崇高声誉。同时它也获得了精通药理药性、精于配伍制药的人才和经验。卖药，到底不同于卖鞋。它是性命攸关的"买卖"，老字号同仁堂的"货真价实"，更凸显了人道大于商道的至理。在商业利益与公众道德发生冲突时，同仁堂坚守了医德仁术，从长远看，实际也保护了自己的商业利益，增添了老字号的光辉。

晚清时期的同仁堂药铺

大栅栏同仁堂今照

豫菜厚德福

逛大栅栏，留心南北街面，像同仁堂、瑞蚨祥、内联陞、张一元这样的百年老店并不稀罕。稀罕的是堂堂大栅栏，怎么见不到一处百年老饭馆的踪影呢？

我收住脚步，纳罕了。

京城八百多年，辽金元明清，五朝帝都（辽时为陪都），那是何等繁华，何等荣耀？这繁华与荣耀必然升腾起口腹的追求、舌尖上的比拼。于是水陆杂陈、南北佳肴、官府珍馐、满汉全席……后脚跟着前脚地涌进帝都，帝后进膳需要挑选世间极品，官绅交结少不了觥筹交错，年节喜庆讲究鱼肉盛宴，就是小民糊口也要有稀有干。

及至开口吃喝，谁不记挂家乡的美味，思念儿时妈妈亲手调制的香甜？那里，品尝的是美味，传送的是真情。

于是，京城召唤来全国各地菜系的名厨好手，塞北江南、大漠水乡，人才济济，各显身手，亮出绝招，一时京城一地汇集齐中华餐饮的精粹，"八大楼""八大居"之类的馆子开遍内外城，而大餐之外的"小吃"更是精益求精，做得可人可口，妙不可云。前门外，不同风格、不同档次的新老饭馆争奇斗艳，日日笙歌，顾客盈门。

我就不信，在寸土寸金的大栅栏街面上，竟找不出来一处遐迩闻名的老饭馆？

回过头，去查寻并不遥远的记录，终于在1948年前的大栅栏街北的中段，发现了离庆乐戏园不远，有处厚德福饭庄。

清光绪二十八年（1902），庚子事变过后的第二年，大栅栏刚刚清理完火焚后的瓦砾堆，初露新容。一块不太大的黑漆金匾高悬门首，京城首家豫菜馆开张了。著名作家梁实秋既是厚德福的东家又是食座儿，他记忆尤深，多年后还能回忆起：

北平前门外大栅栏中间路北有一个窄窄的小胡同，走进去不远就走到底，迎面是一家军衣庄，靠右手是一座小门儿，上面高悬一面扎着红绸的黑底金字招牌"厚德福饭庄"。看起来真是很不起眼，局促在一个小巷底。没去过的人还是不易找到。找到之后看那门口里面黑咕隆咚的，还是有些不敢进去。里面楼上楼下各有两三个雅座，另外三五个散座。那座楼梯又陡又窄，险且难攀。可是客人一进二门，柜台后面的账房苑先生就会扯着大嗓门儿高喊："看座儿！"他的嗓门之大是有名的，常有客人一进门就先开口："您别喊，我带着孩子呢，孩子害怕。"

很长一段时间，京城大饭馆是鲁菜当家，尝惯了咸鲜香脆的山东口味，再来领教河南稍带酸甜不咸不淡的豫菜，慢慢咂摸，

厚德福饭庄少东家、著名文学家梁实秋

总觉着平和中别有一番滋味。这滋味出自厚德福创始人、河南开封杞县双楼村人陈连堂的心思、手艺和经验。他熟悉豫菜，却不生拉硬拽，而是瞄准京城各路食客的口味与时尚，移而化之，择优录取。比如厨房里司空见惯的鸡蛋，除了平时的摊、炒、蒸、甩等常用做法外，他竟把鸡蛋摇身一"烤"，成了厚德福独有的当家菜——三鲜铁锅蛋。这道菜器形奇特，烹调别致，口味醇香，逗人馋虫，几乎每客必点，就连当年鲁迅先生来厚德福宴请胡风夫妇，也点了这道菜。

有一次袁世凯来厚德福吃饭，很喜欢这道菜，但觉得烤蛋用的铜碗内挂锡不好，告知用锡具烹饪有损健康。于是陈连堂赶忙找大厨们合计怎么改造烤具。没过多久，用生铁铸就的带盖的小铁锅替代了铜锅锡胆。按照制作要求，设计出的铁锅口大底小、瘦高，厚实保温，烤出的鸡蛋品相金黄，且更香醇。"铁锅蛋"就此定名。梁

实秋说:"厚德福的铁锅蛋是烧烤的,所以别致……这道菜的妙处在于铁锅保温,上了桌还有咕咕响的滚沸声,这道理同于所谓的'铁板烧',而保温之久犹过之。"

厚德福的"两做鱼"也十分著名。点菜后,伙计端上木盆,清水中跳跃着一尺多长的黄河鲤鱼,客人认可后,伙计当众把鲤鱼掷地摔死。后厨竖切鱼身,一半斜着纵横切,连而不断,裹芡粉,用热猪油炸至金黄,鱼肉一块块裂开,撒上花椒盐上桌,清香润口,考验厨师刀工和用火使油的功夫。另一半鱼身是蒸得嫩熟后,浇以酱汁;酱汁宜稠而不黏、咸而不甜,撒姜末,不用别的作料。"两做鱼"看似简单,却考验厨师的功力和经验。

有一次袁世凯帅府来人订座,说是袁大帅来吃饭。厚德福有个规矩,凡是客人要吃鱼,必须先把活鱼拿给客人看,再征询一下怎么做。为了保险起见,这种活儿通常是由掌勺的厨师亲自出马。但听说今天来的是袁大帅,厨师们都犯难了。陈连堂就说"我来吧",他是厚德福的掌柜的,"我不出

1939年厚德福饭庄北碚分号开店启事

头谁出头？"于是，陈连堂把又黑又长的辫子一盘，系上白围裙，端着木盆进得餐厅雅座，高声问道："大帅！这鱼咱今儿个咋吃啊？"袁世凯爱听奉承话，尤其是在京城能吃到家乡美味，听到熟稔的家乡话，让他高兴不已，吃得很尽兴。临走，袁大帅赏给陈连堂不少银子。这样厚德福的"两做鱼"也就名闻京城了。

不久袁世凯当上了北洋大臣，又兼政务大臣和练兵大臣，他手下的将领宴请他都首选厚德福，必点"两做鱼"这道菜。一时间，上行下效、竞相效仿，大小官员纷至沓来，趋之若鹜，厚德福成为达官显贵与经纪人聚会之处，豫菜美味风靡京城。

经高人指点，厚德福很快在先农坛北门城南游艺园里开设了敞亮的分店，继而走出京门，把分店开到青岛、济南、沈阳、哈尔滨、南京、重庆、香港、天津、上海、西安、台湾等地，一店多身，连锁经营，一时无二。

1954年，陈连堂在北京逝世，享年八十四岁。此前，大部分厚德福分号已先后停业了。在他去世后一年，他在上海的最后一家厚德福分号也停业了，至此，陈连堂和他的厚德福完结了他们的历史，却没有走出人们的记忆。

张一元文记茶庄

老百姓把"柴、米、油、盐、酱、醋、茶"叫作开门七件事，这七个字的排列大有讲究，它道出了早先人们过日子少不了的饮食要素。别以为把"茶"放在老七的末位就不重要，实际上北京人起床洗漱后的第一宗要事就是坐开水，往壶里放好茶叶，美美地喝上一口香喷喷的茉莉花茶。这，为的是清口、润喉，也为了提神。有了这遍早茶，这一天浑身上下都透着舒坦。因此，喝茶、喝花茶是老北京人生活里少不了、离不开的一件不大不小的要事。当然，它更是交友谈事少不了的一大必需，甚至端茶送客也成了不明言的礼数。

走进大栅栏东口，扑入眼帘的是路北高大的祥义号和瑞蚨祥，稍一进入，就会为路东雕梁画栋的张一元茶庄与同仁堂所吸引。

张一元茶庄的创办人是安徽歙县定潭村人张昌翼，他字文卿，平素以字行。当地有一条不成文的规定，年满十六岁的男丁就要离乡背井外出谋生。清人《豆棚闲话》记载徽州的习俗是："前世不修，生在徽州，十三四岁，往外一丢。"丢出去干什么呢？做生意。

这里且说茶业。徽州种植茶树始自南朝，到了唐代已成为全国著名的产茶区。明清是徽州茶商的鼎盛时期，清乾隆年间，徽商在北京开设了七家茶行，开设的茶庄在百家以上，同时在津、沪开设的茶庄也不下百家。徽商经营茶叶自成体系，分茶号、茶行、茶庄、茶栈等多种类型。"茶号"犹如现在的茶叶精制厂，它们从茶农手中收购毛茶，进行加工精制，做成各品茉莉花茶后运销。"茶行"类似牙行，代茶号进行销售，从中收取佣金。"茶庄"就是茶叶零售店，以经营内销茶为主，后期亦少量出售外销茶。"茶栈"一般设在外销口岸，如上海、广州等地，主要是向茶号贷放茶银，介绍茶号销售茶叶，从中收取手续费。当年京城茶商，歙县吴姓、张姓两大家族的人不少，称"吴茶""张茶"，如吴鼎和、吴德泰、吴裕泰、吴肇祥、张一元等。这些茶庄大多自采、自加工、自经销。

清光绪二十二年（1896），张文卿从老家歙县定潭村来到帝都北京，投亲靠友，先在崇文门外磁器口荣泰茶庄当学徒，见习识茶、制茶、辨茶、储茶、售茶的基本知识，获得体验。他处处留心，苦学苦练，肯动脑筋，三年零一节学徒出师后，离开荣泰茶庄自己挑梁单干，本小力单，就选在崇文门外，繁华的花市大街路边摆了个茶摊，借以历练经营，积攒资金。靠着他的努力好学，不辞辛苦，光绪二十六年（1900）茶摊登堂入室，挂牌"张玉元"茶庄，实现了他初步的理想。何谓"玉元"呢？有人说"玉"有茶的意思，"元"是第一，张文卿有个志愿，想把茶庄办成京城老大。这是推测，不知张文卿当时是不是这个想法。

明清时崇文门是税关，车马商旅都要从崇文门纳税进城。人马辏集，花市的茶摊、茶馆、茶庄都是热门热灶，买卖很红火。但张文卿不知足，他想得更远。游逛京城，他看准了大栅栏这条商机无限的金街。各种消费吸引着各种人群，有意思的是，种种消费都离不开茶。茶庄自然是名副其实的以卖茶谋生；饭馆呢，以茶为引，茶饭混搭始终；戏园子本来就是从茶园转变的，茶房满场飞，以茶照顾客座。至于观音寺西邻的"八大胡同"烟花地，更是以茶为媒，茶流伴着人流走，日夜不断，这里恰是高档茶叶大宗销售、无处能比的所在。因此，不怕百年遇不着，就怕一刻想不到。张文卿凭着徽州人敏锐的眼光，一眼瞄准了大栅栏。

光绪三十四年（1908）张文卿在前门外观音寺街（今大栅栏西街）路南，买了个一间门脸儿的铺面，不叫"张玉元"了，正名"张一元茶庄"。"玉元"作废，"一元"传世，何故呢？

北京人好望文生义，而京城偏有以人名取字号的店家，如"王麻子""王致和""马聚源"等等。一时议论纷纷。有的说，张文卿生活放荡赔光了本钱，眼看就要流落街头了，忽然从衣袋摸出仅有的一元钱，立即幡然悔悟，以一元钱为本儿，巧妙经营、日积月累，终于成就了叫响京城的张一元大茶庄。也有的说，张文卿谙熟京城市民不愿意储存茶叶的习惯，乐意现喝现买，所以他推销一种一元钱一包的小包装，立刻受到京城市民的热烈欢迎，买上几包，

19 世纪的茶商

随身携带，既方便又保鲜香。一元钱的小茶包，供不应求，一度收益大于批发，创出了"张一元"大名鼎鼎的字号。当然，"张一元"更体面的解释是取意"一元复始、万象更新"，暗喻"开市大吉、日进斗金"。

别看张一元茶庄只有一间门脸儿，从这里卖出的茶叶都是一等一的优良产品。张文卿心细，他留心顾客的购物心理，发现当时因为交通工具落后，南方产的明前新绿不能应季到京，北京人没有品尝好绿茶的口福。同样红茶、铁观音、普洱、砖茶等发酵、半发酵的茶品，也不对大多数北京人的胃口，难以接受。只有入口香郁的茉莉花茶，被京城各界人士所共同喜爱。北京干旱少雨，四季分明，茉莉花茶可以不分四季常年供应，而且花茶品质差别很大，可高可低、可粗可细，一香分九种，品质大不同，但可以一样清香。这就给茉莉花茶的采购、制作、保管、营销带来了很大的空间，预设了条条盈利商机。

张文卿确定了主攻茉莉花茶的方向，精心研究花茶的品质，研制出汤清、味醇、耐喝、回香的茉莉花茶，受到京城各阶层市民的普遍欢迎，生意大进。心高气盛的张文卿，不久又在观音寺街路北买了一处三间门脸儿的店铺扩展营业。花茶飘香，引动京城购茶人，一时市面流传："吃饽饽去正明斋，喝花茶上张一元。"

1912 年，张文卿终于实现了梦想，在大栅栏中间路南开设了"张一元文记茶庄"。地点适中，人烟稠密，与瑞蚨祥、同仁堂等老字号比肩立于大栅栏，开业以后门庭若市。张文卿把自己的"文"字"记"进张一元的字号中，这是梦想成真的得意，也是继续拼搏

张一元大栅栏店

的激励。他经营的三个茶庄以大栅栏张一元文记为总店，其他为辅翼，由于店址优越、经营得法、茶品质量上乘而声名远扬。

为直接掌握住茶叶的产量、质量，减少中间环节，1925 年，张文卿亲自到福建开办茶场。他在福州郊外半山坡盖了几十间房，雇用当地农工，按季节收购新摘的茶叶，选最好的茉莉花窨制，再依北方人的口味就地窨制、拼配，形成具有特色的小叶花茶，以汤清、味醇、耐喝、回香而赢得京城百姓的称颂。张文卿自己办茶厂不仅可以窨制品质优良的茶叶，而且要比从茶叶批发商手中进货价钱便宜得多，所以，同等级的茶叶张一元比别的茶庄价格低廉。张一元茶庄还经常派人到别的茶庄了解售价，掌握市场行情，时常买回别人销售的茶叶与自家同级茶叶比较，努力保持自家茶叶质量、价格的竞争力。

为了方便顾客，招徕大宗客户，张一元文记茶庄提出凡购买五斤以上茶叶者，可以派人送货上门。张一元文记茶庄买卖好，不忘宣传广告，不断扩展知名度。它是北京城首家在门口支起高音喇叭转播商业电台的茶庄，那时收音机不普及，大街上能听到电台播放的戏曲、曲艺、流行歌曲等节目，是件很稀罕的事。张一元大喇叭一响，招来不少听众坐在路边，入神地听京剧、相声，彭素海西河大鼓《三下南唐》的连续广播。那时都是现场直播，一天一段，听众端着小茶壶，每日必到，成了大栅栏的一景，自然扩大了张一元的生意和影响。

1947年，一场大火烧毁了大栅栏的张一元文记茶庄，张家无力再建，废墟空置多年。直到新中国成立后，1952年得以重张，张一元大栅栏店与观音寺店合并，凤凰涅槃，再续新篇。1956年公私合营，老店再登新阶，花茶依旧飘香。

1992年，北京市张一元茶叶公司成立，现在张一元茶叶公司供应的茶叶达二百余种，集全国名优特茶于一店。"张一元"不仅赢得了顾客、争得了市场，而且获得了不断增长的经济效益。

六必居酱园

北京的"老字号"不是今天才有的，它的历史同北京城一样悠悠久远。"老字号"是伴随着政治稳定、经济发展、市场繁荣、老百姓丰衣足食而产生的，五味调和，缺一不可。但一个商号能做到长命百岁却很不容易，这就要靠自身坚持不懈的努力和客观环境的许可了。天遂人愿，宏愿方成；人违天意，无力回天。

打开《析津志辑佚》，我们可以追查到当年元大都的老字号："崇义楼、县角楼、揽雾楼、遇仙楼，以上俱在南城，酒楼也。今多废。"不过，这些酒楼所在的"南城"是指正阳门以里的棋盘街一带，不是今日的前三门以南。考察今天北京的老字号，元明两代的几乎很难寻到。有人说了，那前门外粮食店的六必居酱园，不就是

大栅栏六必居酱园

明朝的老买卖吗？它那块有名的黑底金字大匾还是明嘉靖首辅严嵩写的呢！

已故民俗专家叶祖孚老人曾著文《揭开六必居之谜》。他说，1965年的一天下午，人民日报社原社长、北京市委书记处书记邓拓曾到六必居支店六珍号，通过六必居酱园原经理山西人贺永昌，借走了六必居陈年老账和大量房契，进行考证。史料证明，六必居不是创业于明嘉靖九年（1530），而是创建于清康熙十九年（1680）到五十九年（1720）这四十年间。清雍正六年（1728）账上记载这家最早的店名是"源升号"，直到清乾隆六年（1741），账本上才第一次出现"六必居"的字号。既然它创业于清初，就不可能由明代首辅严嵩题字了。

中国国家博物馆研究员宋兆麟先生，搜集了大量文书、契约等物证，提出六必居确实是创建于明朝中叶，三易其主而未改其名。第一段是明朝中叶的郭姓六必居。庚子事变时（1900），店铺及文书档案尽被火焚，至1922年六必居申请补照。由当时京师油酒醋盐行商会发的补契，留存至今。补契上写明："商号原于前明嘉靖九年（1530）倒得前门外粮食店街路西六必居郭姓营业壹座。"第二段是明末清初，现存有一份卖房契约说明，当时郭姓独家经营六必居力不从心，吸收了赵、原两姓人家入股。第三段是清道光十二年（1832）以后，赵姓出资四千两白银，将郭、原两姓的股份买断。从此至1954年公私合营的一百二十二年间，六必居一直由赵姓一家经营。

六必居长存至今，就是因为它做的酱菜好吃，这与它精选原料产地、制作精良、严格管理分不开。

　　先说精选原料产地。酱园腌菜的主料是黄酱，做酱必用黄豆。老六必居只用河北丰润县马驹桥和通州永乐店的黄豆。那里的黄豆，色黄、皮薄、含油率高，做出来的黄酱味道醇香。再如做甜面酱的白面，必用京西涞水的一等小麦，涞水的小麦黏性大，做出的甜面

清末民初时期，工人正在检查腌制中的酱菜

酱细腻不散。

再如传统的甜酱萝卜、甜酱黄瓜、甜酱甘螺、甜酱黑菜、甜酱包瓜、甜酱姜芽、甜酱八宝菜、甜酱什香菜、甜酱瓜和白糖蒜，所有原料都讲究固定的产地，甚至是由固定的人家常年供应。比如白糖蒜，蒜头选用长辛店范祥家种的"白皮六瓣"，每一头的重量在一两左右。要求夏至前三天起蒜，带泥，保持新鲜脆嫩。腌制时，一斤大蒜半斤白糖，不能有差。再如甜酱瓜，老圆瓜选自小红门一带，必须六七成熟就摘——五成熟的时候瓜肉薄，八成熟时瓜皮就厚了，腌制出来都不好吃。这时候瓜子刚长出来，嫩得几乎看不见，清晨摘下，赶在中午以前送到。货到后立即用清水洗净，按一斤瓜一斤盐的比例放入盐水中，浸泡三十六小时后投入酱料。腌制过两天两夜后把酱瓜捞出来，放在太阳底下晾，好天气晾一天，中间翻动一次；不好的天气要晾两天，翻两次，再入甜面酱缸继续腌制。

再说制作精良。无论什么酱，从开始发酵到制作完成，全由手工操作，做到一丝不苟。比如踩坯，要根据气温的变化，不能少于十天，也不能多于十五天；入缸以后，要按指定的时间打耙，保证一定的耙数，务必把浊气放尽。根据发酵时间和温度的高低，每星期打一次，每次打八耙；入伏后，每天要打七次，每次打十耙；出了伏，逐渐递减打耙的次数；待到酱快好的时候，每天只打三次，每次打十耙。这样制作出来的酱，色泽鲜亮、口味醇鲜发甜，是当年老北京最著名的"伏酱"。

最讲究的铺淋酱油，是将制好的黄酱放在锡镴铺（即锡片）上

六必居的酱菜

晒，收取酱中淌出的油液，再放入适量的甘草、桂皮和冰糖等调味料进行加工提炼。当年东来顺涮羊肉的小料风味独特，铺淋酱油起到了至关重要的作用。虽然制作出来的成品味道鲜美异常，可是耗时费力产量低，难以适应市场量大快供的需要，现在这种制作工艺已经不怎么用了。

北京四季分明，一年能吃到时新鲜菜的季节很少，品种也有限，北京人平时居家待客离不开咸菜、酱菜、粉条、豆腐一类的易保存食品。因此，脆嫩清香、酱味浓郁、咸甜适度的酱菜是餐桌的上等菜，广受民众欢迎。铺淋酱油等多种费时费力的优等酱菜自然也被朝廷选用，被定为御用品。据说，为六必居送货方便，清朝宫廷还赐了一顶红缨帽和一件马褂，这两件衣帽一直保存到1966年。

门框小吃街

门框胡同在大栅栏中间，路北、南北向，南口面对同仁堂夹道，胡同长约 165 米，宽约 3 米。别看不起眼，当年说起北京繁华的商业街面，门框胡同可是有口皆碑："东四西单鼓楼前，王府井前门大栅栏（读正音）；诸般热闹都带过，难忘'门框'小吃全。"

这个"门框"从何而来？

门框胡同，北起廊房头条，南抵大栅栏，中间与廊房二条、三条贯通。要是从头条劝业场的后门穿出，可以到达熙熙攘攘的西河沿。不知道当初辟出这条南北小胡同，是规划廊房四条胡同时有意为之，还是歪打正着无意留下。反正，这条小胡同太会挑地方了，不但成了逛大栅栏、西河沿的捷径，而且财运亨通，一街两巷的小买卖样样好。

不知何时，有好事的买卖人感念老天爷保佑，年年发财，想在胡同里修座小庙，留财神爷常驻，祈求日进斗金。无奈胡同太小太窄，无处安奉，但抬头一望，计上心来：何不把财神爷供在半空，让他老人家天天看着我们发财呢？于是就在胡同当间儿架上从房山运来的两竖一横的青石板，又请廊房三条小器作的工匠

门框胡同青石板

雕刻了一尊文财神比干丞相，拿到广安门外五显财神庙开光后，放进打造好的楠木神龛，固定在半空过街楼上。廊房头条的谦祥益绸缎庄立马送来彩缎，给神龛披红挂彩，把一座玲珑的财神庙打扮得精彩纷呈。消息传开，当即引来内外城的信众跪拜，日夜无休地供奉香火。不料事与愿违，一股北风袭来，催动旺盛的香火，顿时烈焰飞腾，把精致的小财神庙烧了个灰飞烟灭，比干老丞相驾着五彩祥云"上天言好事"去了，再也无缘"回宫降吉祥"，只空留下两竖一横青石板"门框"，当不当正不正，卡在胡同中间，令后人莫名其妙。这倒成全了这条没工夫起名的小胡同，便有了名，曰"门框胡同"。

我一直记得20世纪40年代，在"门框"下面靠东墙有辆破洋车，车簸箕里坐着个黑黢黢瘦骨伶仃的汉子，想必是破洋车的主人。他头戴破草帽，低着头，哼哼唧唧；只要一有人经过，他便捡起身边的半头砖，狠命地砸瘦骨嶙峋的胸口，接着不歇气地咳嗽、哽咽，大大地吐出一口粉红的血！见者不忍，忙将零钱投进他身边的洋铁桶里。我常和伙伴在这一带打闹，过来过去总能看见他表演这一幕，暗想：这么瘦，他有多少血好吐呢？后来，北平围城，兵荒马乱，门框下再也见不到那辆破洋车和那个时时吐血却总也不死的拉车人。这倒成了我记忆中的一个定格：门框、破洋车、吐血人。

说起门框胡同的真正出名，那是出自卖小吃厨师的良苦用心。早年的天桥是常年开放的小摊集市，而门框胡同则属于精品小吃组合街，占尽大栅栏的天时、地利、人和，咫尺之间方便取舍，小店相邻尝尽美味。

北京的小吃分回民、汉民两路。回民的小吃干净、讲究、品种多。世俗流传："回民师傅两把刀，一把切牛肉，一把切年糕。"这"两把刀"在门框胡同里都有精彩的表演。

复顺斋酱牛肉

民国年间，从门框胡同南口往北走，依次有复顺斋酱牛肉、年糕王、豌豆黄宛、油酥火烧刘、馅饼陆、爆肚杨、厨子杨（卖年糕、炒饼、汤圆）、年糕杨、豆腐脑白、爆肚冯、奶酪魏、康家老豆腐、炒火烧沙、包子杨、同义馆涮羊肉、瑞宾楼（原名"祥瑞"）褡裢火烧、德兴斋烧羊肉、白汤杂碎和俊王爷烧饼等。南口路东有家一楼一底的二层小楼，那就是康熙年间开业的复顺斋酱牛肉。掌柜的姓刘，专做清真食品，以酱牛肉名冠京城。当时复顺斋的酱牛肉与月盛斋的烧羊肉、天福号的酱肘子并称为北京"酱肉三绝"。

1945 年抗日战争胜利后，好莱坞的电影大举进入中国，大栅栏的戏园子白天加开电影场。因为台小园子小，门框胡同路西的同乐园专演电影。看完《人猿泰山》，正赶上复顺斋刘家老铺的酱牛肉出锅，那肉香弥漫，顺着鼻孔径直钻到胃里，逗得馋虫蠕动、食指捏钱。不管饿不饿，总要就着热和新鲜，买上一套烧饼夹酱牛肉，忙不迭地咬上一口，顿时酥脆浓香充满口腔，肉香、面香、芝麻香化入一个"酱"字，而混为一谈。"此味只应天上有，哪想飘落在人间？"一位西服革履的"眼镜"先生，摇头晃脑地嚼着、哼着。这时我发现茶叶铺的掌柜的、令人仰视的菊坛名宿、穿着制服的中学生、东城闺房打扮入时的小姐、刚下火车提着牛皮行

酱牛肉

李箱的游客、左顾右盼的美国水兵，乃至刚拉完座儿擦着汗的洋车夫和街面来回溜达的巡警……都手捧一物，大快朵颐地咀嚼，写满一脸的得意。真的，直到今天，我都一直在追寻复顺斋那烧饼夹肉的浓香，只是"梦里寻他千百度"，"他"却不在"灯火阑珊处"。

　　据说，复顺斋的传人还在，是不是刘姓嫡传就不知道了。传人介绍，复顺斋一味酱牛肉传承三百多年而浓香不散，自有它的道理：一是选料精。只用内蒙古六岁草牛的前腿、腹肋、胸口、腱子等部位的精肉。二是作料正。煮肉用的丁香、砂仁、豆蔻、白芷、肉桂等作料，主要从对门同仁堂或从产地采购。三是操作严。经过在烧开了的水里"紧肉"，再用旺火煮、文火炖，持续十二小时，边煮边兑老汤，而后文火煨，翻两次锅。酱制好的牛肉再刷上一层汤汁，冷却后方为成品。北京人能吃到传承三百多年、依旧浓香的酱牛肉，福气！

褡裢火烧

门框胡同还有一客介于小吃与正餐之间的美味：褡裢火烧。有人作了首打油诗，唱道："门框胡同瑞宾楼，褡裢火烧属珍馐；外焦里嫩味道美，百吃不厌赞不休。"

说起这褡裢火烧的由来，要追溯到清光绪二年（1876）。顺义有对姚春宣夫妇，来到京城，在东华门外的王府井路边摆了个小饭摊。卖什么呢？老两口动心思，琢磨出一道介乎饺子、包子、水煎包、锅贴、馅饼之间的"五不像"吃食。怎么做呢？先和面，擀成面皮，切成五寸长、三寸宽的面皮，而后把调好的虾肉、海参丁、精肉馅包裹其间，合拢两边面皮，保留上下通气不封口，放进平铛用油煎至两面金黄、香气四溢。盛入盘中，并排码放，整齐美观，吃的人都说好，花钱不多，解馋管饱。吃的人越来越多，有人劝说老两口搬进新开张的东安市场，郑重其事地开个有模有样的饭馆，专卖这玩意儿。老两口本来就有这心思，也积攒了不少钱，便搬进市场开了个饭馆，请高人起名叫"瑞明楼"，顺带把卖的吃食起名叫"褡裢火烧"。

过去人们出远门，把随身携带的物品放在包袱皮里，四个角儿一系，成了包袱挎在肩膀上走路。东西少包袱小好办，要是东西多了，包袱太大，就吃（读"迟"）累（受罪的意思）了。后来有聪明人淘汰了"包袱"，找来一块结实的厚布，前后缝成两个口袋，分别装物品，中间空着搭在肩膀上，似背似扛，又轻松又得劲，起名叫"捎马子"，又叫"褡裢"。另外，从前北京人把烤制的面食统称

褡裢火烧

"火烧"（也可专指一种发面火烧）。瑞明楼的馅活形似褡裢，就有了"褡裢火烧"的正式命名。老两口又针对不同顾客的口味，调制了不同食材的馅料，可荤可素，可猪牛羊可海鲜，一形多样各个鲜美。为佐主食，夫妇俩又配制了可口的酸辣汤，稀干搭配，五味调和，吃的人更多，买卖越做越好。不料想瑞明楼传到二代就泄劲了，一口香的褡裢火烧变味了。食座不来了，买卖随后就倒闭了。店里的老伙计郝家瑞和罗虎祥是跟着老掌柜一起创业的厨师，两人带着一手制作褡裢火烧的好手艺，重打鼓另开张，在门框胡同靠北路西，开了一座"祥瑞饭馆"（各取本名的一个字），专卖褡裢火烧，香味依旧、热情依旧，加上前门外的游人川流不息，"到门框胡同吃褡裢火烧"成了逛大栅栏的"标配"。赶上饭口，顾客抢不上座儿，干看着人家吃得满嘴流油，自己饥肠辘辘。后来祥瑞饭馆起了两层小楼，改名"瑞宾楼"，依旧是供应食客吃不够的褡裢火烧加酸辣汤。这一地点，这一吃食，一直延续到现在，成了门框胡同唯一没动地儿的纪念物。

爆肚冯

过去的小吃有两个原则，一个是花费不多，一个是解馋管饱。吃小吃的顾客主要是平头百姓、劳苦大众。天桥、后海、东西大庙的庙会，乃至年根儿底下的厂甸、白云观庙会，小吃摊都占很大比例，也是百姓逛庙会掏钱必吃的项目。时代变，小吃本小利微经不起折腾，老厨师离世带走了厨艺诀窍，后世就再也尝不到馋人的那一口了。然而，还是有坚定的传承者，变着法儿地把小吃的独门绝技传下来，比如爆肚冯。

肚是指内脏的胃，平时叫肚子，爆是用滚开的白水快速氽烫成熟的意思。爆肚是爆羊的胃，后来加上牛的胃，京城回汉居民都很喜欢吃牛羊肉，而且很会吃，吃得细致讲究。除了牛羊的肥瘦肉以外，排骨、腔骨、头、蹄、尾、内脏，没有不可以吃的地方，而且烹调的手段多样，蒸、煮、炒、爆、烤、涮。手段不同，部位不同，均可做出绝妙的好菜。牛羊是反刍动物，肚子大、部位多，肉的薄厚、质地不同，吃起来口感和味道也不一样，细分有"羊四牛九"的说法。羊的肚子叫"散丹"，细分为肚仁、散丹、肚领、蘑菇头四个部分；牛的肚子叫"百叶"，细分有肚丝、肚板、食信、蘑菇、葫芦、肚仁、厚头、百叶、百叶尖九个部位。清代杨米人在《都门竹

爆肚冯牌匾

枝词》中描写吃爆肚的感受："入汤顷刻便微温，作料齐全酒一樽；齿钝未能都嚼烂，囫囵下咽果生吞。"

　　爆肚必须选用头天宰杀的牛羊，肚子取回来用清水反复漂洗干净，保持新鲜。汆烫要快，以秒计算，三四秒钟即得。高明的厨师创制了"爆肚"，还研制了作料，以辅味佐原味，既能领受牛羊肉的清香，又能享受芝麻酱、酱豆腐、口蘑汁、香菜等二十几味作料的混合香，使爆肚在清真馆里独领一门，广受中外食客的偏爱。特别是到了秋天，红叶满山，小风一吹，人们必然要领略一顿鲜美的爆肚。应时当令，习以为常，爆肚甚至成为难忘难舍的"北京味道"。

当然爆肚的魅力，来自一代代锲而不舍的高明厨师，比如爆肚冯。

爆肚冯的创始人叫冯立山，山东陵县人。光绪年间，他来到北京，在地安门与鼓楼之间的后门桥边，挑挑儿专卖爆肚。这个地点可不得了，元代这里邻近什刹海大码头，是繁华的大市场；明清两代这里离紫禁城近便，是亲贵重臣首选的宜居家宅。清朝时，朝廷的步兵统领衙门就位于后门桥边的帽儿胡同，所以往来此地的多是见过世面的人士，见过"满汉全席"的大有人在。冯立山的爆肚干净、味正，散发着浓浓的羊肉醇香，加上老冯纯朴热情的待客，很快，爆肚冯就成了后门桥边的"热点"，得到在旗官民的首肯。到了二代冯金河，他细分肚子部位，爆余时分别把握不同火候，又改进了作料，食者赞叹不已，赠之美誉"爆肚冯"。民国初年，爆肚冯迁到前门外廊房二条，与烫面饺马等五家组成了一个小吃店，被称为"小六国饭店"。1935 年，爆肚冯搬到门框胡同北头营业，直到 1956 年公私合营，第三代传人冯广聚转业当了工人。名响九城的爆肚冯就此歇菜，多少老辈人来到前门外遍寻不着，多少后来人不知人间竟有此美味。改革开放的春风，给京城小吃注入新的生命。冯广聚宝刀不老，重新在廊房二条恢复了爆肚冯，那制作，那口味，那老字号的金字牌匾，唤起的不光是老一代人的记忆，还有新一代人追着品尝的美味。

羊头马

胡同里的小吃店，大多是一间小门脸儿，以货招人，没有字号，吃者认可的是"小吃"的口味和卖主的手艺，不在乎多大的门脸儿和多响亮的字号。比如爆肚，谁做的都有，品尝一番，还是冯家的好，而且资格也老，多年不变，就认准了他家，直呼"爆肚冯"。爆肚冯既是食客朴实的赞誉，也是自家守业的提醒。因而在京城有不少买卖的字号不是挂在门楣上，而是挂在消费者的口头上，比如年糕王、豌豆黄宛、油酥火烧刘、馅饼陆、豆腐脑白、奶酪魏、包子杨、俊王爷烧饼等等。食客的嘴是试金石，一尝便知真假。

可是也有一家小吃连个门面也没有，每天定时定点推车来到门框胡同，人们早已守候多时，不大工夫就把小吃抢购一空，晚来者叹息而归，只好等明天早点儿来。什么小吃这么招人待见，叫人割舍不下呢？

答曰：老马家的"白水羊头"，简称"羊头马"。

北京人喜食羊肉，有悠久的传统。五朝帝都有辽、金、元、清四朝起自内蒙古和东北草原，属马背民族，牛羊肉是他们的主食。历久民族的习俗交融，北京人习惯了吃羊肉，吃法多以炮烤涮为主。具体到羊头，则嫌其寡肉、多皮、齿骨难剥，且有污秽之物，令人无从下口，类似鸡肋，食之无味弃之可惜。如何处置羊头，成了检测北京人智慧的一道考题。

北京人聪明，对羊头的解法有三。一曰酱焖。色重、料大、浓香，如酱牛肉。二曰白汤。加盐等作料，去除膻气，肉香混入料香，如砂锅居之煮白肉。三曰白水。什么作料都不加，清水、原味，少有案例可循。三者讲究的是功夫、火候、创新，这是北京人对弃之可惜的羊头的新智慧：只求本真的原香和精细的拆解。

早年，因为羊头夏日不易保存，白水羊头是冬令小吃。不过汤锅（屠宰场）立了个规矩：立秋这天，不管天气冷热，卖羊头肉的必须出摊叫卖，以取得冬季供货的信任。入夜，北风呼啸，一竹筐，一马灯，一声悠远的吆喝："羊——头肉——嘞——"夜半不眠的人们，就着杀口的烧刀子，拈一片薄薄的羊头肉，蘸上调制的盐花儿入口，霎时清香回味，睡意顿消……

清人雪印轩主在《燕京小食品杂咏》中写道：

十月燕京冷朔风，羊头上市味无穷；
盐花撒得如雪飞，薄薄切成如纸同。

羊头马始于清道光年间，距今已有二百多年的历史。到了第六代马玉昆时，开始定点设摊，做法、配料都有不断的改进。"白水"就是用清水煮羊头，一点作料也不搁，要的是煮出来那股独有的羊肉本身的清香。然后趁热把不要的部位剔除，等凉凉了再切成薄得透光的肉片，在其表面撒上精心配制的香盐，就可以吃了。羊头马的绝活儿是刀工：一把一尺多长的片刀，片出的每一片肉都刀刀带皮。顾客指哪儿切哪儿，那刀在他手上游刃有余，切得飞快，切出的肉薄如纸片，放在瓷盘上，能透见瓷盘上的青花。他的椒盐很有讲究：把大盐和丁香、花椒等作料炒黄后，碾得精细，装入一个牛角里——牛角里放东西不易受潮跑味。

当年，羊头马卖羊头有个"规矩"：每天只卖二十个，多了不卖。上午煮得了，下午推着一个独轮小车出门，腰间挎着一个牛角，白帽白褂一尘不染。甭吆喝，老主顾们一准踩着钟点儿在门框胡同老地方等他。据当年居住在大栅栏附近的老人说，每天老马的车子四周都有好多人围着，专看老马飞刀片肉、抖角撒盐的功夫。老马卖羊头肉还有一绝，椒盐撒完，二十个羊头的肉也一准卖完，所以留下了那句歇后语："卖羊头肉的回家——不过细盐（戏言）。"

民俗学家金受申先生在《老北京的生活》一书中写道：

羊头马门牌

北京的白水羊头肉为京市一绝，切得奇薄如纸，撒以椒盐屑面，用以咀嚼、渗酒，为无上妙品。清真教人卖羊头肉的只有一处，地在廊房二条第一楼后门裕兴酒楼门首，人为马姓。自煮自卖，货物干净，椒盐中加五香料，特别香洁。

如今，马玉昆的儿子马国义接过了羊头马的嫡传真功，珍存了这一京门小吃。

庆林春茶庄

北京人祖祖辈辈爱喝茶，喝福建的花茶。不同档次的人喝不同档次的花茶，讲究大了：有钱人喝小叶双窨，开水一沏，碧绿的芽叶根根站立，伴着几朵洁白的茉莉花游来荡去，有如仙境，茶韵浮起，立时满屋香气充盈，无形中托出了主人的高贵身份。一般人也就喝一般的花茶，不太讲究叶儿呀花儿的，只要香，经喝（就是耐喝）就成。要是不求耐时，也可以喝高末，就是高等花茶滤剩下的茶末，一样高等清香，只是沏三遍就汤淡香无了。至于穷得叮当响，又买不起茶叶的人怎么办呢？他们也有法子，就是到饭馆戏园子里找跑堂的说尽好话，要点客人喝剩下、没法再用的茶叶渣子，回去再用水煮出色儿来，看着色儿品那个味儿。

喝茶讲究的不光是茶叶，水更重要。上好的茶叶，用劣质的苦水一沏，全糟蹋了。北京古来缺水，尤其缺甜水。但凡哪打出一口甜水井来，人们必念念不忘，甚至于把它当作地名，如甜水井、王府井……可哪儿的水好呢？北京有句老话："南城的茶叶北城的水"，北城的水指的是安定门外上龙一带，今天是安德路上龙小区。南城茶叶是指前门外、大栅栏、珠市口的茶叶名店鳞次栉比，比如庆林春、张一元、森泰、永安等南北各路茶庄。这些茶庄大多是前店后厂，自采自做，各有风味。

这里只说说庆林春茶庄，因为在它身后藏着一段有趣的故事。

1912 年民国初立，定北京为首都，为了一改明清两代帝都的皇城封闭堵塞，1915 年北洋政府的内务部总长兼北京市政督办朱启钤奉命拆除天安门前废弃多年的千步廊和前门瓮城，拓建府右街等南北通道。

京城这么大兴土木，必然带来大量商机。有个福建人叫郭庆安，他在改建正阳门工程中专管前门楼子的油漆彩画，自己就在前门外

20 世纪 30 年代初在茶馆饮茶的老人

廊房头条路北的劝业场开了家油漆店，自用自采，又做买卖又施工，肥水不流外人田。可两头忙不过来，他从家乡带来个徒弟叫林子训，负责看门打杂照顾门市营业。

前门楼子修葺一新，圆满竣工，油漆的买卖自然也淡下来了。这当儿，正赶上林子训三年零一节出师，他不能闲坐着，干等天上掉馅饼啊！人到难时出智慧，林子训想到家乡盛产茶叶，又看到北京人不管贫贱，一天离不开喝茶，加上大栅栏一带每天人来人往的川流不息，他就萌生了个挣钱的活道：就在出出进进的劝业场南门外摆个茶摊，卖老家福建运来的花茶。

他熟悉老家出售的茶叶质好、价廉、味香；他也熟悉老北京人一天三遍茶，很有讲究。他在摊上卖的"茉莉高碎"不光口味香，耐沏，颜色正，而且价钱便宜，分成小包零卖，很受欢迎，生意很好。有了积蓄，他就不摆摊了，在劝业场里面租了半间门脸儿，开了个小茶庄，照样茶好价廉，小包零售，生意更好。此后，他瞄准了王府井的东安市场，他知道这是块生金的宝地，顾客中有达官贵人、平民百姓，也有东西方洋人和海外来京旅客，路子更宽了。林子训在东安市场西门买了两间铺房，一大一小，隔路照应，又很花了一番心思布置店房，墙上挂着唐宋诗词，桌上陈设

庆林春茶庄牌匾

着精美的福建漆器工艺品和茶具，静雅温馨，暗香浮动，吸引游客驻足小憩。

他坚持自采、自加工、自销；他坚持卖小包零售茉莉花茶，这样香气浓、新鲜——因为北京人不喜欢存茶叶。他善待职工，工资高、吃得好，但要求严格，不许职工在操作间穿有香水味等异味的衣服，要干净，不能把异味带进茶叶加工车间。他精心制作不同档次的花茶，同样精选全国各地的优质绿茶，配备各地名茶达一百余种，货正、货全、货真价实是他营销的重要策略之一。他聪明努力、娴于管理，更难得的是饮水思源、不忘旧情。他为茶庄取名"庆林春"，就是用带他进京的师傅郭庆安中的"庆"字，加上他的姓"林"字，和一个取意蓬勃向上万物复苏的"春"字。

林子训发财了，不忘他淘得第一桶金的故地：前门大街。后来，他又在前门离五牌楼不远的路东开了第三家庆林春，高台阶，大玻璃窗，很有气派。再后来，前门大街全拆了，又重建。人们发现，新打造的五牌楼底下路西，庆林春宛在，虽门脸儿窄狭，却依然飘出芬芳的茉莉花香。

廊房头条

在四条廊房街道中，头条颇为气派。从珠宝市一进西口，路北就是铁罩棚大理石墙面的谦祥益绸缎庄，依次连接的是中西合璧装饰门脸儿的金店、珠宝店。路南的景色却全然不同，一拉溜儿的灯笼店个个是老门脸儿，一副老气横秋的样子，唯有花枝招展的各式灯笼探出屋檐，支满半条街，招徕过客。一街两市，风格迥异，却合二为一，使廊房头条别有一番情趣。

廊房头条还有别名，叫"灯街"或"灯笼街"。明初永乐迁都北京城后，每逢正月十五上元节，皇帝为表示与民同乐，就在午门广场和东华门外灯市口举行盛大的灯节游乐活动，一连几天有文娱表演和商贸采购，为春节的结束再掀一个高潮。"正月十五闹花灯"是历朝历代的传统节日。到了清朝，坐镇紫禁城的清廷为了稳住刚刚到手的政权，施行满汉分居内外城的政策，把闹花灯的灯节也赶出内城，安排在正阳门外的廊房头条。近人夏仁虎所著《旧京琐记》里说："灯市旧集于东、西四牌楼，后始移于廊房头条。"

闹花灯寄托了黎民百姓追求光明、企盼团圆的美好愿望，也催动了花灯的精美制作。民间自做，花样百出；工坊制作，精益求精。宫灯、圆纱灯和龙灯成为花灯的代表作。人们把传统的绘画、书法与灯笼制作工艺巧妙地结合，创制了一种"花灯文化"，把民族节日打扮得五光十色、灿烂辉煌。廊房头条有几十家灯铺，其中文盛斋、秀美斋、秀珍斋做的灯笼还被送到宫里，装点紫禁城。

廊房头条当间儿路北有一座洋楼劝业场。它的一左一右是两座青砖灰瓦的小楼，一座是宝恒祥金店，一座是三阳金店，不过劝业场并不与两座金店的门脸儿看齐，而是从街面缩进一头，让出一片小广场，供拉座儿的洋车停放，常有卖花、卖烟卷、卖茶叶的小商贩游走其间兜揽生意。

劝业场的建立缘于甲午战败。当时，国人不得不把目光投向东方，思索明治维新给日本带来的变化。百闻不如一见，清廷于光

廊房头条

前门大街守望岗67018526

廊房头条

天津书法家华世奎书写的天津劝业场牌匾

绪三十一年（1905）颁布了《出洋赛会通行简章》，鼓励商人出洋参赛，同时在国内让各省开设商品陈列所，促进商业发展。清光绪三十二年（1906），清王朝商部就为设立劝工场一事，发文到全国各地商会。

"劝业"一词，出自《史记·货殖列传》中的"各劝其业，乐其事"，这里的"劝"是指努力行动，与"勤"有相通的意思，二者均偏重于"力行"，与后来"劝学""劝农"的劝说、动员的意思不尽相同。近代日本，政府设"劝业寮"，金融有"劝业银行"，展销有"劝业博览会"，更看重力行。他们将汉语中"劝"的努力行动与劝说鼓励的词义相融合，更富有实践性。

走在最前面的是湖广总督张之洞，光绪二十八年（1902），他率先在武汉创建两湖劝业场。光绪三十三年（1907），袁世凯在天津建立劝业会场。清宣统元年（1909），成都有了劝业场；1917年上海建了劝业场；1927年济南建了劝业场。1928年2月，商人高星桥、载振等人集资创建了规模较大的天津劝业场。

京师劝工陈列所是光绪三十三年（1907）五月建成的，时人称

廊房头条劝业场正门

"新屋工竣，焕然壮观"，说明建了新屋，是在室内展销。农工商部选派郎中魏振全面负责，全国各地踊跃将当地产品送来参展。到了八月间，陈列所开放，一眼看遍全国名优产品，这是从来没有过的事，京城百姓闻讯纷纷前来参观。

京师劝工陈列所堪称当时北京地区最大型的综合商场，场内按展室陈设全国各地寄赠或寄展的产品，供商人市民品评比较，并办理代客买卖、订货事宜，以期促进工业改良、商业进步。此外还有一层，晚清以后，京师的八旗子弟、无业游民和外地流民难以管理处置，"民生日蹙，失业日多"，已成为"首善之区"严重的社会问题。办劝工陈列所，正好为"消纳流民""指导就业"，改变中国传统职业人才培养，提供一种新的渠道。

开业时，陈列所热闹非凡，货品琳琅满目，观众人如潮涌。场地有限，为了控制人数，官方采用购票方式，控制参观人数。陈列所还招募了穿制服的护卫维持秩序，同时还组织京城学生志愿者，统一着装，每天发给津贴，为展会各项活动服务。陈列所门前安排鼓号队，洋号洋鼓吹吹打打渲染气氛。不仅北京地区媒体纷纷报道，就是在全国各报刊中也登上头版头条。

孰料好景不长，京师劝工陈列所展出才八个月，一场大火就把新建的陈列所烧得只剩下后房一小部分了，展品烧毁大半。这场无情的大火，恰是从"灯笼街"中的一家万源灯铺燃起的。据当时统计，这次大火共烧毁廊房头条、廊房二条房屋二百多间，万源灯铺、首善第一茶楼、天聚兴金店、开泰金店、德源古玩铺、公和永煤铺、利盛器作坊、聚雅纸画店和京师劝工陈列所等共十多家店

铺，拆毁房屋十间。一名巡警和一名德国兵摔伤，所幸没有人员死亡。

火烧了，新政不能停，事情还要做。

1912 年，劝工陈列所改名"商品陈列所"，陈列的是国货。1920 年，陈列所又遭火焚，烧得一塌糊涂。政府无力重建，只得把陈列所抵押给军阀魏连芳，由他开设的同德银号投资复建，改名"北京劝业场"。"劝业场"的意思依旧是"劝人勉力，振兴实业，提倡国货"。不料 1926 年，劝业场再次失火，烧毁店铺八十一家、房屋一百四十二间，仅剩下一个建筑框架，所幸政府依靠投保的八万元火险，才得以复建。1928 年，劝业场改名"工商部国货陈列馆"，迁到正阳门箭楼上展出。1936 年，陈列馆正式划归北平市政府，恢复原名"北京劝业场"。政府规定私人可以在场内租地摆摊，但只许卖国货，不许卖洋货。

劝业场外观是四层楼房，采用当时尚属先进技术的钢筋混凝土砖混结构，加上地下一层，共五层，看着并不虎实。大门外面加个西洋柱式门罩，宽大厚重，既遮风挡雨，又探出身子掩护大门，美观实用。抬头观瞧，二层、三层外墙立面有壁柱、窗套和阳台等西洋古典装饰，楼檐做女儿墙，都用水刷石制作。从水泥高台阶进入大门，有个很小的门厅，两侧是敦实的楼梯，往里走，纵深六十米串联起三个大厅，由南往北依次是长方形、圆形和长八边形。作为集中商业区，各种商店围绕大厅布置。二层、三层周围设跑马廊，形成宽大的共享空间，所以安排各式商店的面积较小，但装饰简洁，各有特色。顶层设有巨大的玻璃天窗，供营业厅采光。整体建筑显示设计者吸收了当时流行于欧洲中部的"新艺术运动"的精神，在传统巴洛克艺术风格的基础上，做了因地制宜的创新，是当年京城西洋式建筑的代表作。

当年的劝业场，一楼卖日用百货和文具用品，如鞋袜、毛巾、书籍、胡琴、大正琴（一种案上弹拨的按键乐器）等物品。这里书摊出售的书籍，既不是经典古籍，也不是流行的文艺小说，而是《论说精华》《尺牍大全》一类的实用参考书。据说，有的读者在这里的文具摊上还买过清末皇室书画家溥佐（庸斋）画的书签，在长约四寸、宽约二寸的书签上，溥佐用精细的工笔画，画出骏马的各种形态，栩栩如生，每枚只售一角五分，足见当时画家生活的窘迫。

二楼出售古玩、玉器、珠宝、字画和特种工艺品。首饰摊琳琅满目，花样繁多，真假难辨。工艺品中有一种制作精美的带鞘刀剑，长不过五六寸，却具体而微，十分逼真，钢刃锋利，招人喜爱。二楼西侧楼梯旁的画像馆门口，挂着电影明星胡蝶、袁美云等人的大幅炭笔画像。这是肖像画家王美沅、贾墨林等人的杰作。

三楼有几家照相馆、理发馆、镶牙馆、广告社，还有几家药店和弹子房、乒乓球社等。每到夜里灯火辉煌，笑语不绝，不少公子阔少来这里打球消遣，消磨时光。

四楼是个小型剧场，名叫"新罗天"，由善于经营的西单新新大戏院经理万子和管理。小剧场不大，有五百个座儿，经常演出评剧、曲艺等小型节目。著名评剧演员芙蓉花、鸿巧兰、筱鸣钟，鼓界大王刘宝全及相声名家张寿臣都曾在这里登台献演。"新罗天"也演出话剧、皮影等，上海电影明星韩兰根曾在此演出过果戈理的《钦差大臣》，大受欢迎。

我是前门大街的孩子，生在那儿，长在那儿，在那儿度过童年。那时候，劝业场是我们常去的游戏场，那漂亮的西式洋楼是我们梦境里的"天堂"。从狭小寒冷的家，自由自在地走进有暖气、有电灯的楼房，不用花钱打票，没有恶汉阻拦，铁栅栏的电梯自由上下，水磨石的地面走不扬尘，宽大的楼梯移步换景，五花八门的小商店琳琅满目。这多像一本本五颜六色的课本，为我们打开一扇扇知识的门窗：画像馆、刺绣坊、照相馆、台球室、乒乓球室、眼镜店、礼品店、服装店、理发馆、镶牙馆、茶叶店、文具店、书店……虽然门脸儿不大，却门廊整洁、陈设精致；店家客客气气，迎进送出，绝没有天桥那样土里土气、喧闹低俗。老实说，劝业场为我的童年展开了另一个世界，许多知识都是从这里开的头。我时常登上二楼或三楼，俯瞰天井里的店铺和游人，放飞想象的白鸽，一任它在时空间穿越。

抗日战争爆发后，北平沦陷，劝业场的生意江河日下，只有一楼的日用百货还在支撑门面，三楼以上改做库房了。

1949 年以后，劝业场迎来新的发展局面，场内吃、穿、用、玩俱全，共有二十二个行业一百八十多个货摊。劝业场采取产销结合，厂店挂钩，薄利多销的经营方式，商品种类繁多，也可代购代销。1956 年，实行公私合营，劝业场主要经营珠宝玉器、金属器皿、丝织品、刺绣、棉麻织品及土特产品等，同时出售日用百货、皮货、五金电器等。1975 年，北京劝业场又由百货改为"新新服装店"，三层楼分别出售男女时装、童装和纺织品等。营业面积四千多平方米，一度以款式新颖、品种齐全闻名全市，成为当时北京市最大的服装商店。那是一个由单调的灰蓝服装转向多色彩、多款式、追求个性的年代，大栅栏路北连续开设了妇女时装商店等好几家服装店，以款式新、货品全、浏览方便的优势，一下夺走了劝业场的顾客。大栅栏再次显示了名街的地利效应。新新服装店冷落了，后来索性开了一家宾馆，名字仍是"新新"。

但"新新宾馆"新在何处呢？一是场内的格局变了，原来的商场被切分出许多小房间住人；二是商场的外观被广告牌等物遮盖，破烂不堪。这个改变很大胆也很失败。很少有人愿意住进这个小鸽笼式的客房，后来宾馆也黄了，成了一座废楼。劝业场往日的繁华被疾驰的岁月冲洗殆尽。它失去了自己的功能和容颜，退出了人们的记忆。偶尔有不识者路过，会发出一句："怎么还不拆呀？"

20世纪60年代，我从珠市口搬到菜市口，又迁到安定门外青年湖，离前门大街远了，但心还留在那里。一有空，就骑着车，顺着鼓楼、地安门经天安门往南直行，关切前门大街渐行渐远的变化，不断追寻儿时的记忆，那是多么五光十色、充满情趣的年景啊！

近年，市政府请了三位世界著名建筑师设计、复建了新概念的"北京坊"，不仅维修了劝业场、廊房头条金店等原有建筑，而且添枝加叶勾画出一隅中西相融、朝气蓬勃的"北京坊"，令故人欣慰，今人遐想。

我观劝业场，思绪从当年的百日维新、实施新政，延伸到今天的改革开放，乃至伟大复兴的"中国梦"，画面缤纷灵动，撼人心扉。定格后，记忆中的大前门、天安门比过去更威武、更华彩。对

劝业场正门

劝业场来说，昨天已模糊，明天正在等待今天的回答。

如今，廊房头条焕然一新，还记得"劝业"的初衷和那些老人老故事吗？

廊房二条

廊房二条东起前门大街珠宝市，西至煤市街，是明朝初年与廊房头条、三条、四条（即大栅栏）并排兴建的街市。别看二条街不宽，平均4米；路不长，285米，当年却以"玉器古玩街"名噪京城。二条没有四条终日的市声喧嚣，却街面整洁，铺面典雅，烘托出一街的玉润珠圆、宝气冲天，招惹得中外权贵士绅和他们的宝眷们纷至沓来，买珠问玉，挥金如土。而中外的文玩收藏家们也频频光顾，意在探宝捡漏，蓄意领教店铺里经验丰富、慧眼识珠的铺掌们。

据说当年此街共有103家店铺，其中经营珠宝玉器的就有90余家。1919年有个统计，二条南北街面加入商会的有金店1家，古玩店5家，首饰店11家，玉器店22家，占据街面80%以上。著名的字号有聚源楼金珠店、聚珍斋玉器铺、恒林斋玉石作坊、同义斋、宝权号、德源兴等等。

前几年，与大栅栏街邻近的廊房二条修下水道。工人刨开路面，发现泥土中充填着大量零碎的青白石块，不知何物。消息传出，轰动京城，不少人扛着铁锹、洋镐，提拉着口袋蜂拥而至，抢着、争着，挤进并不宽敞的二条，人挨人，人挤人，见石料就抢，抢不着就乱刨，挥锹舞镐，秩序混乱。有关方面赶忙制止，可人群依旧拥在胡同口不肯离去。知情人泄露，那青白碎石原来是早年间胡同里玉器作坊丢弃的废玉料。

廊房二条成就京城"玉器古玩街"，得益于胡同东口的珠宝市。

本来明永乐建造北京城的时候，正阳门一线就是都城的南城垣，城外再无城池。后来迫于外敌时常袭扰，明嘉靖三十一年（1552），世宗朱厚熜乃命内阁首辅严嵩主修外城，以护卫内城。这样，前三门外的自由市场有了外城包着，买卖愈加兴旺。

清朝开国，欣欣向荣，选购收藏珠宝玉石奢侈品的风气弥漫整个社会。因此，从新疆、云南等地来的珠宝玉石批发商聚集到五牌楼西侧，就地兜售料石和货样。玉石市场可以当面议价，也可以一手托两家，跑合拉纤。那时宽阔的前门大街两侧成了热闹的交易市场，但都是日出开市，日中闭市，午后清理街道，恢复如初。

但是，半日的交易难以满足日益发展的市场，就有人趁势在路边支摊设帐，做起全日的买卖，很快商摊跟进连绵成街，朝廷听之任之，商户得寸进尺拆摊建房，真的在前门大街宽广的路面两边抢占出东西两条长街：东侧挤出肉市、布巷子、果子市；西侧挤出珠宝市、粮食店。至此，珠宝市名正言顺登场，街内开满了金店、珠宝店、玉石作坊，用地不足，渐而延及廊房头、二、三条，其中以二条最胜。清光绪三十一年（1905），二条万聚斋珠宝店铺掌马少泉发起各商铺捐款，把二条暴土扬场的土马路，率先修成石砟马路，平整干净的街道便利了贵客临门。

玉石古玩这个行业，并非是只要吃苦勤练就可以把手艺学到手，

鸿兴永记珠宝店招牌

有了饭辙。这是一个完全靠眼力、拼智慧、比知识、凭经验的"高危"行业。正午，望着二条半街晃动的人影，真想揪住那些穿大褂笑眯眯的铺掌，问问他们肚子里到底藏着多少慧眼识真、转手一本万利的绝活儿呢？

西河沿

如今，站在前门楼子底下往西望去，会看到一条洋味十足的短街：西河沿。街道洁净优雅，两侧高楼联袂却无迫人的压力，尤其是路北的两座楼房，风韵独具，既有西洋的高雅，又佐以中式的华贵，典型的民国气派。

原本西河沿是一条护城河的河沿儿，后来成了长街。这条街，东起前门大街，西至和平门外新华街，全长一千一百五十米，均宽六米。因为它傍着大前门的西护城河由东向西延伸，故名"西河沿"。北京人称河边儿为"河沿儿"，但这条街名，不儿化。那时护城河面宽阔，时有游船画舫荡漾水面。朝罢归来的汉官常常宽衣备酒放舟河面，观赏两岸风景，借以疏解心情。清代诗人王渔洋歇官经旬，与友人在临河酒楼小酌，留下诗行，再现了彼时河景：

下直经旬发不梳，河楼高会剪春蔬；
已喜绿蒲藏睡鸭，更烧红烛射游鱼。
玉河杨柳见飞花，露叶烟条拂狭斜；
十五年前曾系马，数株初种不胜鸦。

晚清时期宣武门至前门间的内城南墙外侧

　　心欲散淡，野趣横生，只一派温馨的水乡春色。

　　清初实行旗汉分居，一般的汉官都要住在前三门外，上下朝必从前门闸楼进出，西河沿至琉璃厂一线就成了每日必走的熟路。商人识趣，投其所好，在沿路相继开了书铺、纸店、古玩店，供下朝的官员、文人雅士驻足浏览，随心选购。王渔洋在《香祖笔记》中记曰："京师书肆，皆在正阳门外西河沿，余惟琉璃厂有之。"

看来，西河沿老早就成了受文人喜爱的"书市"。

交通银行与盐业银行

随着前门东、西火车站的建成，来自四面八方的客流、货流一下子如开闸放水一样泻到前门楼子底下，东河沿没有地方消纳，涌进了相邻的打磨厂；西客站边的西河沿较有空间，渐而挤进了商场、客栈、会馆、银行等等，把昔日的护城河挤没了，而顶替红荷绿柳的是喧闹的街市。地利抓人，东口最显眼的地方建起三座洋建筑：

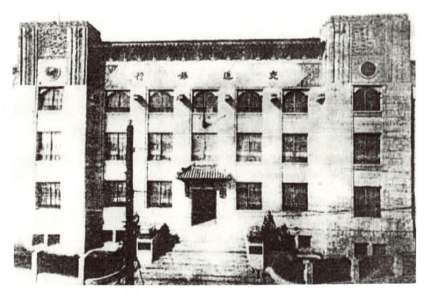

1935 年，交通银行北京支行

劝业场、交通银行和盐业银行。

交通银行在西河沿路北 9 号，西邻煤市街，建于 1931 年，地上四层，地下一层。钢筋混凝土砖混结构，水刷石饰面，基座是花岗石贴面。主立面以西方建筑构图为主，又结合了中国传统牌坊的模样，顶部仿额枋用了大块灰塑卷草云纹装饰，上加斗拱和绿色琉璃檐头。一层当中进出大门的门头，镶有绿色琉璃门罩，采用传统垂花门的样式，典雅肃静。三层窗洞口用雀替装饰，窗户两侧各有一个凸出墙面的立雕龙头。围绕着一层营业大厅设有办公室，北边有辅助用房和员工宿舍，在建筑中部形成了一个内院。

东立面一层有一个侧门通往内院，建筑师将这个门头向上延伸，一直到二层顶部，安排了丰富的装饰：最下方是如意连续图案，接着是一组方石雕栏杆和栏板，顶部是双层如意云，还有两个凸出的立雕龙头雨落水口。这种形制的设计，无论是结构还是装修都别出心裁，带有明显的中西建筑思想和文化交融的痕迹，是中国著名建筑师杨廷宝先生的代表作。

再说盐业银行。盐业银行原本是袁世凯的大哥袁世昌的内弟张镇芳创办的，张镇芳就是"民国四公子"之一张伯驹的父亲。盐业银行位于西河沿街东口路北，采用钢筋混凝土砖混结构，面阔七间，以红砖墙为主调，两端略用块石饰壁柱，柱头有雕饰。中间五间用二层高的爱奥尼亚柱式，上做檐壁、檐头，三层窗头用三角形山花装饰，最上端有花瓶栏杆式女儿墙，其余三面装饰简单，红墙局部用白色腰檐和白色窗套。门窗洞口较大，一层用

盐业银行旧照

弧形拱券，二、三层为方窗。这就是 1915 年由袁世凯批准建立，占地面积约 800 平方米的盐业银行，2004 年被北京市公布为保护范围及建筑。

值得一提的是，1918 年年初，交通银行和当时的中国银行第一次"停兑"，一些银号、钱庄就开始买卖两家银行的钞票。北京的盐业银行经理岳乾斋和金城银行总经理周作民，以梁士诒为后台，发起成立了我国第一家由国人创办的北京证券交易所。这个交易所位于东四南大街的"干鱼胡同"（后改名为"甘雨胡同"），原来是一座

原盐业银行今照

清政府接待外国使节的会馆，1918 年 6 月 6 日，北京证券交易所在这里开张。从 1918 年至 1928 年，是该所发展的黄金阶段，当时北京证券交易所是北洋政府公债最直接的销售市场。南京国民政府成立后，北京证券交易所改为北平证券交易所，失去经营公债的地利优势后日渐萧条。1939 年 6 月，该所因战事影响而宣告停业。这个交易所现在已经看不到了，可是在前门外，在离盐业银行和交通银行不远处的 196 号，我们可以看到民国时期北京著名的中原证券交易所大楼旧址。这是一个有五间进深、中间是天井的环形建筑，一层为营业厅，二层为环行围廊，是大户交易处。从天井往上是一个巨大的木制三角形顶棚，四周开有气窗。走进这里似乎可以感受到

西河沿交通银行今照

旧时股票交易场景，这里埋藏了多少股市的故事，这里该有多少股民的喜悦和哀伤。

西河沿菜市场

　　过去我无缘进入交通银行，经常穿行闲逛的反而是交通银行西侧的街坊"西河沿菜市场"（前门菜市场），印象颇深。那时候去中山公园，游罢往回走，通常的路线是顺着长安右门往南，经过司法部街到棋盘街；而后不走前门大街，偏要从西河沿菜市场的北门进，在里面到处转转看看，可买可不买；而后出南门，再进劝业场的北门，闲逛后，再出劝业场的南门，稍向西拐，进门框胡同，到大栅栏，再过马路由大蒋家胡同回家。这是一条眼观腿遛心情舒畅的旅游路线，常逛常新，绝无重复之感。

印象中，当年的西河沿菜市场是北京城规模最大、菜品最全、货色时鲜的一级菜市场。首先是它得了地利，开在火车站脑门儿底下。有些紧俏时新的货品，随着火车卸货最早开包上市，因而近水楼台，进货最快。其次，前门大街地界饭馆多，饭座儿多，对各种菜品需求量超大，销售得也最快，就连四九城各处的大饭馆子，每天都有人一早赶到这里采购备料，因而西河沿菜市场名冠京城。朱家溍先生载文言说："北京人吃的螃蟹来自天津附近的胜芳。北京前

1952 年春节前夕的前门西河沿菜市场

门西河沿菜市有个螃蟹批发站，最大的螃蟹每一斤两只。正阳楼把这种螃蟹用芝麻喂养几天再供应顾客，的确异常肥美。"现在这个菜市场已被拆除。

西河沿，既无河，更无河沿儿，却有一条收存旧时金融记忆的老街。

鲜鱼口

大栅栏的街东，是同样热闹的鲜鱼口。顾名思义，它本是一条为排泄护城河洪水而流向东南的一条小河，青草萋萋，小桥微微，时有渔夫打鱼，岸边叫卖鲜鱼的场景，俗人雅号，故名"鲜鱼口"。其实它的开发比大栅栏还早，民间流传"先有鲜鱼口，后有大栅栏"的说法。

前门大街的繁荣，使这条干涸了的河道和附近的一片空地，建起了长巷民居、剧场饭馆、浴池商店。街不长，却名店比肩而立，如天成斋鞋店、马聚源帽店、田老泉帽店（俗名"黑猴儿"）、焖炉烤鸭便宜坊、天兴居炒肝店、会仙居炒肝店、天乐园（华乐戏院、大众剧场）、兴华园浴池等。不长的街，穿鞋、戴帽、小吃、大餐、洗澡、听大戏，闹了个从头到脚的舒坦。

问君消闲何处？巷口点缀鲜鱼。

马聚源帽店

常住四九城里的臣民，受了八百多年帝都的浸染，早已陶冶得

像猫儿一样的温驯，说话做事讲究和和气气、有里有面，既外场，又不失态。出门见人不管穷富，总要打扮一番，笑破不笑补，就是一件捎了色的蓝布大褂，也要洗干净熨平整，配一顶合适的礼帽。

百姓平日戴的帽子，虽没官帽那么致重，却也不可小觑。在帝都京师，城开南北东西，人分三六九等，穿衣戴帽既受经济实力左右，又因修养爱好有别，帽子一戴，街头一站，常能显出一个人的身份、品阶和素养。可见世间衣帽取人，并非无理。鲁迅先生唱道："破帽遮颜过闹市，……管他冬夏与春秋。"是调侃，也是自嘲。

帽子既属服饰范畴，也随世俗流变，很讲时髦，而且趋新、趋奇，变得很快，一时一个款式，随即风靡一时。端详一顶小帽往往也能折射出几许世风流俗和人们的心理状态。比方说民国初年，帝制退位，人们剪去了辫子，顶戴花翎沦为废品，多好的翡翠翎管、双眼花翎、朝珠也扔在地上没人捡，就连青缎瓜皮小帽也落伍了，那光秃秃的脖颈子上用什么扣定呢？恰是西风东渐，陪同西服革履一道，呢制礼帽和巴拿马草帽一道传入，洋气十足，又清爽利落，而留洋的学生自行搭配一袭长衫，内衬西裤、脚蹬皮鞋，也颇潇洒，至今依然是俏丽无比的打扮。

话说回来，既然在京师，头戴的帽子有如此广大的市场，而且绵延不绝，常换常新，就必然有众多的追"帽"人，看在眼里、记在心头，争着、抢着挑起做帽子和卖帽子的担子，而且出奇制胜，扬名于世，例如马聚源、盛锡福、同陞和等等。这里，且说说北京人的一句老话："头戴马聚源。"

　　马聚源是人名，也是他开的帽店的字号，还是他自产自销的各式各样帽子的商标名。从前，在北京只要一提马聚源，人们立即想到帽子，一种品质优、做工好、款式新的名牌帽子，于是世面乃有以"头戴马聚源"为荣的说法。

　　马聚源是直隶（河北）马桥的庄户人，十四岁那年离开马桥来到北京，找到当裁缝的远房舅舅，被他介绍给崇文门外花市的一家小成衣铺当学徒，师徒感情融洽，亲如一家。不料第二年师母得了痨病，小店关门，师傅一家回转农村老家。走前，师傅把马聚源领到三里河状元桥边的一家制帽作坊，把他托付给帽店掌柜的。

　　这家帽店掌柜的手艺好、做活儿细、待人和气。马聚源平素眼里有活儿，手底下能干，不仅跟师傅学会了做各式各样的帽子，还留神掌柜的怎么调理作坊的人手，留心京城帽子市场流行什么新花样。掌柜的看他聪明伶俐，常派他到打磨厂、花市一带走街串巷揽活儿。三年零一节出师，马聚源又帮着师傅做了两年。无奈，马聚源的爹妈年迈，仨兄弟也都半大不小了，日子艰难，眼巴巴地望着他能帮帮家里。马聚源只得辞别师傅另起炉灶支锅另做。他知道，翅膀硬不硬，只有飞出去才见高低。

　　他来到崇文门外南药王庙（今十一中东校区）附近租了间房，开始单干。马聚源自制的帽子，在东晓市地摊上卖出了行市。将货比货，他做的帽子就是好，内外行全都认可。好在哪儿？活儿规矩，手艺瓷实，样式时新。但是，好货也要让人知，不能干等着天上掉馅饼。马聚源收了俩小徒弟留在作坊做活看摊，自己背着帽子去打磨厂、花市一带的客店旅馆推销，串找熟门熟路继续揽活儿，打听

销售鞋子的街头游商，马聚源最早也是从摆地摊开始销售帽子的

新客户登门拜访，日夜不得闲。

皇天不负苦心人，马聚源谋事有成，卖帽子有了积蓄，就把东晓市的帽摊搬到了前门大街路西的鲜鱼口，这可是京城达官贵人盘桓流连、与大栅栏比肩齐名的闹市，人来人往，灯火辉煌。尤其是鲜鱼口集中了很多鞋帽店，买时新的鞋帽必到鲜鱼口。

马聚源地摊的帽子照样出彩，受到游客的欢迎，打入了行家的法眼，就有新老客户跟过来接着订货，买卖越做越火越活。清嘉庆二十二年（1817），街中间路南有个小商店歇业。马聚源立马盘下，开了自家的帽店，圆了梦，就取名"马聚源帽店"。

过去，北京的帽店分两种：一种叫"帽局"，一种叫"帽铺"。帽局是"招匠自造"，属"前店后厂"的作坊式，除自售外还可适量批发给别的店铺；帽铺是光卖不产。马聚源属连产带销的"帽局"。当时马聚源帽店生产的青缎子小帽、风雪帽和三块瓦瓜皮帽在北京市面上很叫座儿，卖得很好。这是因为有了一间门脸儿帽店的马聚源，把帽子的款式、质量放在第一位，坚持优质优价、精工细做，不怕货比货，就怕货不精。这一比，马聚源的帽子就显出与众不同，让人待见。顾客眼睛雪亮，心里有数，小门脸儿里满是拥挤不动的顾客，顶着簇新的帽子，绽开一张张心满意足的笑脸。马聚源在鲜鱼口站住了，而且名声远播："买帽子，去鲜鱼口，找马聚源去！"名声在外，谁也挡不住。一天，一位张姓官员走进马聚源帽店，挑了一顶红缨官帽，回去与旧有的一比，不光颜色正、帽胎瓷实，而且分量合适，不轻不沉，戴着既舒服又不觉着压头，果然是一等一的好货。回到衙门，张大人命差办

今日马聚源

去鲜鱼口约见马聚源到衙门议事，明示想介绍他为朝廷里的官员做缨帽。马聚源闻听大喜过望，这是做梦也盼不来的好事，岂非天赐良机？连忙磕头谢恩。

从表面上看，马聚源从一个一间门脸儿的小帽店，一跃而成为专为朝廷的王公大臣、公卿显贵做官帽的"王牌店"了，实质呢，马聚源的制帽工艺，登上了一个新台阶，带动了京城的制帽业。一个人、一家店、一顶帽子，为京城文明增光添色，延续至今。

"与时俱进"，话很豪迈，却也道出些许无奈。时不我与，你不俱进，行吗？"不进则退"，必然落伍，遭到淘汰。帝制结束了，谁还去买簪缨官帽？眼瞅着当年看家的产品没了，必须改弦更张，选时尚新颖产品。民国初年，马聚源帽店顺应时需，改做瓜皮帽和将军盔。这就要看眼光和魄力了。结果，同样力拔京城帽业市场的头筹。民国初建人心欢畅，穿衣戴帽，各取所好。马聚源应时应需，帽子的品种增多，式样翻新，销路大开，进入了全盛时期，落下"头戴马聚源"的口碑。

1954 年公私合营，同类项合并，帽子归帽子，鞋归鞋。1958 年马聚源帽店由鲜鱼口迁进大栅栏，后又并入东升帽店。1986 年恢复老字号，马聚源帽店并入步瀛斋，主要品种有各式男女帽子、皮帽、棉帽、童帽及汉、满、回、苗、蒙、藏、瑶等各式民族帽、舞蹈帽八十余种。

如今，您走进大栅栏东口，与瑞蚨祥相对的路南，就会看到两块金字牌匾"步瀛斋"和"马聚源"。这两家老字号共同占有两楼两底，一起经营。

步瀛斋有三百多年的历史。清初有个做靴子的匠人，带个小徒

大栅栏马聚源展台

民国时期的大栅栏衣帽街，可见步瀛斋的招幌

弟，在前门月城的东荷包巷开了一间门脸儿的靴铺，专做螳螂肚青缎薄底快靴。靴子有鞘，不同于鞋，穿上舒适、得跟、护脚、不易脱落，步瀛斋的快靴随做随卖，深受善扑营跤手的喜爱。一般练武之人也钟爱此物，穿上打把式卖艺颇为精神。民初修改大前门，拆除月城，步瀛斋搬到大栅栏，以圆口千层底布鞋和彩缎绣花鞋驰名京城。

望着店内熙熙攘攘的顾客，顺而悟到，虽说京城居大不易，然如有一技在身，以一物济世，何愁在世间没有立足发家之地，不被后人追念？马聚源生年不足半百，他的"帽子"光鲜至今。抬头仰望那三个金晃晃的大字，仿佛也在追问今人，你想在北京立足吗？可你的北京故事，又从哪里说起呢？没有故事的北京人，不过是个影子。

大栅栏，毫光毕现，处处闪现着先人的智慧、勇力和说不完的故事，只待你去发现、补充……

焖炉烤鸭便宜坊

吃烤鸭，一直是北京人宴请亲友的常选，因为它口味香嫩，主副食并举，既好吃又实惠，很受欢迎。新中国成立后，随着外事活动的频繁和旅游业的兴起，"爬长城，逛故宫，吃烤鸭"成了来北京旅游必不可少的三个项目。1986 年在布拉格举办的第五届国际食品烹饪大赛中，北京烤鸭获得金牌，被誉为"世界第一美味"。烤鸭成了北京餐饮的代表作，索性以"北京烤鸭"冠名，一时跟风而动，各种名目的"北京烤鸭店"遍及国内外。

　　烤鸭的口味和吃法新鲜别致，厨房砖炉烤制，片切薄片，配上作料，端上餐桌，顾客可以根据自己的口味，自己动手调作料卷包入口。这样，外国人自然喜欢吃，没吃过的中国人也争着品尝，几乎成为"国际通吃"。在北京，每逢旅游旺季，烤鸭名店的门前往往排起长队，游人饥肠辘辘仍然耐心地等候吃上一卷香酥的烤鸭。结果饿虎扑食，哪还顾得上品咂滋味。游者说，来北京一趟，怎么能不吃烤鸭呢？等一两个小时不算啥，吃不着那才遗憾呢！

　　烤鸭如此为北京增光，创牌子，倒要给记一大功。当然功之大者，莫过于便宜坊和全聚德这两家著名的老字号，是它们延续几百年开发、传承、光大了这一菜肴，仔细想来，内中颇多意味，值得思考。

　　走进米市胡同北口路西一条东西的短巷，就是北京烤鸭的老根儿——便宜坊的旧址。烤鸭在京城的成名，要从便宜坊说起，有两种说法。

　　一是明初说。明建文四年（1402），驻守北平的燕王朱棣以"靖难"之名攻入南京，夺取了侄子建文帝朱允炆的皇位，做了皇帝，改元永乐，并准备移都北京。明永乐四年（1406）开始建造北京城，迁徙南京、山西、河北等地的民众充实帝都。就在北京城建造功成的前四年（1416），一家名为"金陵便宜坊"的南炉鸭店在宣武门外的米市胡同开业迎客，店主是金陵人，制作的南炉鸭用的是金陵焖炉手法，很受北迁的南方人欢迎，渐而吸引了各地迁京的顾客，生意兴隆。据说，嘉靖年间，住在宣外砟子桥（今达智桥）的兵部员外郎杨继盛，时常到这儿吃烤鸭，还给饭馆题写了"便宜坊"牌匾。后来名将戚继光也经常光顾便宜坊，留下过墨宝。如此说来，米市

民国时期现场切鸭片

胡同的便宜坊延续至今已有六百余年的历史了。

二是康熙说。清朝康熙盛世，京城繁华。有家南方人怀揣发财的梦想，来到北京谋生。一家落户在宣武门外米市胡同北口，开了个宰杀鸡鸭的小作坊。那时候歌舞升平，京城内外的饭馆买卖分外兴旺，开一家火一家，满街飘荡着酒肉香。饭馆多，催生了每日供应饭馆鸡鸭鱼肉、瓜果蔬菜等食材原料的专业户。这家人以宰杀鸡鸭为业，天不亮就要赶到邻近的菜市口去挑选上好的活鸡活鸭，买回来宰杀，拔毛放血清理内脏，收拾洗净控干码放齐整，而后赶早送到各大饭庄酒楼，保证人家使用。因为他们宰杀的鸡鸭干净漂亮，加之送货及时，很多大饭庄点着名地让这家南方人送。可小作坊只顾干活儿，并无名号，有家大饭庄的账房先生说："你们这个小作坊给我们送的鸡鸭，既方便又适宜，干脆就叫便宜坊吧！"说句题外话，早先北京人把方便随意叫"便宜"（便读去声），不是表示价钱很低的"便宜"，因此，"便宜坊"正解应是方便随意的饭馆，而不是价格低廉的小酒铺。

话说回来，便宜坊的买卖越做越大，掌柜的又想起老家的焖炉烤鸭和用高帮深锅焖煮的小鸡，于是制成了香嫩的烤鸭和桶子鸡（童子鸡），连同收拾干净的生鸡鸭一并送到酒楼饭庄，烤鸭和桶子鸡反而更受客户的欢迎。便宜坊生熟两做，业务大增，眼看着财源滚滚，却人手短缺，供不上货，生意有断档的危险。掌柜的万分着急，赶忙招收帮工。怎奈宰杀鸡鸭的活儿又脏又臭，挑担送货的差事又苦又累，挣不了俩钱儿，还闹得腰酸腿疼，一身腥臭，许多人望而却步，没人应声。

老话说，天无绝人之路。可巧，便宜坊隔壁住着个山东荣成人，靠每天蒸几屉馒头走街串巷叫卖为生，日子也还过得去。前俩月来了个小老乡，十二三岁，叫孙子久，投奔他找口饭吃，正没辙呢。两家一说合，孙子久就高高兴兴地把小铺盖卷儿搬过来了。山东人能吃苦，别看岁数不大，却聪明伶俐、朴朴实实，不多说不少道。每天起早贪黑烧火做饭，哄孩子喂鸡鸭，挑担送货，不论是家务事还是作坊活儿，样样干得干净利落，掌柜的身上轻省了一大半，打心眼里喜欢这孩子。

三年零一节学徒期满，孙子久不光精通了鸡鸭店的样样手艺，而且在经营上还帮着老掌柜出了不少好主意，比方说，坚持高质、低价、服务周到的营销方针，既扩大了销路，也赢得了便宜坊良好的声誉，就连城里的大饭庄也跑来订货，一些大宅门的厨房也不时地订几只烤鸭、童子鸡摆上家宴。仗着孙子久年富力强，买卖还能支应。不想老掌柜家运不顺，宝贝儿子得了鼠疮脖子病，脓血不止，有人说是屠宰鸡鸭的报应。老掌柜心里害怕，哪还顾及买卖上的事，就把便宜坊倒给了孙子久，一家人回南方老家了。这一下孙子久可以放开手脚大干了。他从老家荣成找来十几个身强力壮肯吃苦的乡亲，量才而用，有的宰杀，有的炉前烤制，有的上街送货。荣成人在家里苦惯了，来到京城，再累的活儿也不在话下，高高兴兴，越干越欢，便宜坊的烤鸭"飞"遍京城。

便宜坊的烤鸭红了，有些眼热的人便打起"便宜坊"的主意，米市胡同便宜坊更名"老便宜坊"，以示正宗。清咸丰五年（1855），有个姓王的出资人用高薪聘请了老便宜坊刘伙计等人，在前门外鲜鱼口西口路北开了间"便意坊盒子铺"，叫卖正宗焖炉烤鸭。从前，京城管卖熟肉的铺子叫"盒子铺"，因为店铺可以让小伙计用提盒把顾客预订的熟肉送到家。那时前门大街经常可以看到穿着蓝布裤褂、围着白围裙的"小力巴儿"（学徒工）提着椭圆形提盒，口喊"借光！借光！"一路飞奔的景象。牌匾同音不同字，叫着一样，"盒子铺"却比"手工作坊"升了一格，兼卖各种熟肉制品。仗着地点好，货又全，烤鸭地道，生意很是兴隆。后来，鲜鱼口的便意坊硬是和邻近肉市的全聚德烤鸭店比翼齐飞，坚持到今天，而且字号也还原为"便宜坊焖炉烤鸭店"，收回了挑着盒子外卖、不坐店的经营方

鲜鱼口便宜坊烤鸭店

式，丰富了餐饮酒席，让今天到京的中外人士依旧可以品尝到传承
了六百余年的南炉鸭。

挂炉烤鸭全聚德

　　到北京吃烤鸭的人，都知道全聚德。在我的记忆中，很长一
段时间老北京人不习惯叫"烤鸭"，而直呼"到全聚德吃烧鸭子
去!"水有源树有根，创建全聚德这份家业的领头人叫杨寿山，字全
仁。他是清咸丰年间人，老家是河北省冀县杨家寨。本来，这一家
几口守着几亩薄地讨吃讨喝，也还能饥一顿饱一顿地过得去，不想
一场天灾把老杨家逼到了没吃没喝的绝路上。冀县离北京近，都说
北京城是个可以满地捡银子的花花世界，杨全仁就随着几个老乡直

奔京城，借住在崇文门外兴隆街的弘福寺里，四处踅摸着找活儿干。

兴隆街东西向，在前门与崇文门的南面，属外城，东口是崇文门外大街，往西直通鲜鱼口前门外，北面紧靠东西打磨厂，是个饭馆、旅馆、妓院、货栈、商店鳞次栉比的繁华地界。杨全仁注意到吃鸡鸭的人多，而做收拾鸡鸭这宗脏活儿、累活儿的人少，就在前门外支了个摊儿，专门出售宰杀干净的鸡鸭和猪肉。仗着庄户人的勤快、本分、和气，他卖肉不单新鲜、干净，准斤足两，而且有求必应，服务周到，很受顾客待见。自此，杨全仁的肉摊红火了，他就有了收摊进店的打算。

可巧，在肉市广和楼南边有个叫"德聚全"的杂货铺，买卖不好，关张歇业了，急着要把铺面顶出去还账。杨全仁挺喜欢这个铺面，又担心风水不好走德聚全关张的老路，就偷偷请了个风水先生四周围转了转。先生说："风水不错，你看德聚全坐东朝西，前后临街，南北两边有两个一间门脸儿的小铺子，再往外是两条笔直的窄胡同，好比是轿杆，四街拱卫，抬着德聚全往前门大街走，稳稳当当，平步青云，越来越好。错就错在主人背时，字号犯忌。名不正，则言不顺；言不顺，则行不果。"

杨全仁赶忙请教。风水先生解释道，一个人积德是一辈子的事，多多益善，哪有个聚全的时候？买卖所得，也如是。财源滚滚，多多益善，没有个聚全的顶峰，真聚到顶，也就该垮了。杨全仁忙问："那我这个小店该叫个什么字号呢？"风水先生笑了笑，说："你先把德聚全顶下来吧，字号好说。"

房子顶过来，买卖快开张了，杨全仁把风水先生请到肉市北口路东的正阳楼，至至诚诚地请风水先生吃螃蟹，喝黄酒。酒过三巡，菜过五味，风水先生从兜儿里掏出一个信封，递给杨全仁。杨全仁小心翼翼地抽出信瓤打开一看，洁白的宣纸上写着"德聚全"三个大字。杨全仁一愣，风水先生一笑，说："字一样，'德聚全'，但念法不同，要倒过来念：'全聚德'。"他解释说："买卖靠人气，人气靠品德，质高为品，积善为德。外面的顾客、内里的伙计全聚在你的店里求得，你何愁不人聚财旺呢？更何况你的名字里，还有个用'全'字来求'仁'的意思呢！"

清同治三年（1864），全聚德鸡鸭肉食店在前门外肉市路东开张了。肉市卖肉，得其所哉，他既卖鸡鸭，又卖猪肉。生的开膛破肚，拔毛取脏；熟的酱煮吊烤，滋味浓厚。杨全仁日夜不闲，心思却被邻近便宜坊的南炉鸭勾住了。他卖的熟肉是按照北方人的老方法加作料炖出来的，软烂香滑、色重味厚，没有南炉鸭的香酥爽脆，而且就着薄饼作料吃烤鸭也多了趣味。但焖炉烤鸭要求较高，且出炉慢，忙了跟不上趟儿。他想能否把鸭子像烤小猪一样挂在火炉上烘烤？明火烤，易于把握火候，挂一排，出炉也多。经过反复试验，杨全仁的挂炉烤鸭成功了，色香味全都合格。人们听说肉市全聚德用挂炉烤出的鸭子一样香酥，纷纷前来订购，全聚德的烤鸭"飞"起来了！全聚德由摆肉摊到开肉铺、盒子铺，继而试验成功挂炉烤鸭，一路不歇闲地步步跟进，在前门大街获得了自己体面的地盘儿。

清宣统二年（1910），全聚德原来的小门面左充右扩，盖起了两层灰砖小楼，南北傍着两条窄胡同，四街围护，真的坐上了一顶

请勿在此吸烟
谢谢合作

MIND
YOUR STEP
小心台阶

八抬大轿。一拉溜儿三间灰砖门脸儿，干净朴实，上嵌三行灰砖勾线浅雕牌匾：中间"全聚德"，北面"鸡鸭店"，南面"老炉铺"，铁花钩杆吊着两块不大的长方招牌，黑地金字："随意便酌""包办酒席"。没有金字大匾的炫耀，没有高台阶的气势，让人走到门前，自自然然地拾级而入，亲切、可心。一楼大堂里摆了十几张桌子，那是给散座预备的，总可请进五六十位；楼上是十几个清雅的单间，晤谈品尝十分惬意。

店里坐镇的当家菜自然是挂炉烤鸭，新盘的大烤炉，膛大通风火力旺，精选的鸭坯，从孵养到宰杀，准一百天五斤重。燃料必是好果木，果香、木香、肉香被炉火烘烤，混化出一种焦甜香味，逗人馋虫。民国期间，店里又从天津素有"鸭子楼"之称的登瀛楼聘请鲁菜名厨吴兴裕来店掌灶，一时吃惯了烤鸭的主儿可以换换口味，尝尝"清蒸芦鸭"的鲜味和"乌鱼蛋汤"的厚重，或者舍去烤鸭，专点"扒大虾""黄焖鱼""烧海参"，一品鲁菜正宗。

孔夫子说的"食不厌精"，全聚德有新的诠释。不只于烤鸭一门儿精，还要融中国烹饪之技艺，从一只五斤重的鸭子身上，开发出一桌以烤鸭为主菜，凉碟儿、炒菜、汤盆儿道道精美的全鸭席，其中芥末鸭掌、卤鸭肝、火燎鸭心，味道十足，尤为可口。

记忆中至今珍存着当年全聚德堂倌那亲切的笑容。从一进门迎来堂倌真诚的笑，到让进、落座，递来洒过花露水的热手巾把儿，送过香茗，一直和气地微笑着，而后轻声问："用点儿什么？"现点的鸭子用托盘端上，同时送过一管蘸饱蜜汁的毛笔，请顾客在洁白的鸭坯上写字。烤好后，焦黄油亮的鸭身上字迹宛在。

同治年间发明的挂炉烤鸭方式流传至今

鸭香、菜美，还有那始终伴着微笑的周到服务，凝聚成一个亮丽的品牌——全聚德。

会仙居和天兴居的炒肝儿

炒肝儿是北京小吃中经久不衰的名吃。顾名，不能思义，炒肝儿可不是过火过油炒出来的猪肝。它的产生、发展，凝聚着做者、卖者、吃者、宣传者四方面的智慧与合作。

前门外鲜鱼口中间路南，有个小酒馆叫"会仙居"，开业于清同治元年（1862），专卖黄酒和开花豆、花生米、咸鸭蛋、豆腐干一类佐酒的小菜，来的都是些没多大进项的贫苦人。

别看酒馆买卖不大，对待顾客却特别和气，体贴周到。比如，赶到午、晚两顿正餐时，掌柜的就把附近大饭馆的剩菜（俗称"折箩"）收集起来，回锅加工，卖给这些找饭辙的人。这种"回锅菜"花不了俩钱儿，满满吃上一大碗，荤腥足，解馋，还兴许碰上海参、鱼翅，很受劳苦大众欢迎。

传说，一天，下了一夜的雪，早晨天冷得出奇。这时候，打外面走进来一个白胡子老头儿，哆哆嗦嗦要了杯黄酒，也不要菜，直咂摸到中午，老者就势儿要了两碗"折箩"，不大工夫就吃完了。会钱的时候，老者一摸兜，呀，钱不够！老掌柜早就看在眼里，装在心上，递上一碗热茶，扶老者坐下说："天儿这么冷，您这么大岁数，大老远地来我们小店，还不是看得起我们？今儿的账，我候了。"老者千恩万谢地走了。可从此，早上锅里的"折箩"怎么卖也不见少，反而越盛越多，味道也越来越香。上门的顾客闻风而来，竟有好奇的王府的管家，都说鲜鱼口没字号的小酒馆遇上了仙人。住在东城的翰林也跑来吃了碗"折箩"，提笔写了块匾"会仙居"，挂在了酒馆的门上。小酒馆有了"大名儿"，买卖也就更好了。

可您别忘了，靠卖"折箩"挣钱的买卖，再好也是"拾人牙慧"，登不了大雅之堂。神仙的仙气管不了多少日子。

清光绪二十六年（1900），八国联军毁了北京城，祸害了老百姓，日子再苦，也得咬着牙一天一天地过。会仙居劫后余生，老掌柜刘喜贵撒手而去，买卖交给了他儿子刘宝忠哥儿仨。买卖怎么做？他们看见隔壁"广来永"的白水羊汤铺的买卖挺好，就仿照买来猪下水，大水洗净，肠切段，肝切片，心切丁，肺切条，放上花椒、大料、咸盐，白汤清煮，名曰"白水杂碎"。因其肉味醇正，一时还不错。可日子一长，老一个味儿，而且猪心、猪肺很难吃，眼看着买卖式微了，一天不如一天。

当时《北京新报》的记者杨曼青和会仙居的刘家挺熟，出主意说，"去掉猪心、猪肺，在煮猪肠、猪肝时加酱色，勾芡，出锅叫'炒肝儿'"。他还说："肝儿是用油炒过的，千万别说是烩的，然后我在报上一宣传，准成！"

主意好，还要制作好，精工细做，一点儿不马虎。炒肝儿的主料是猪肥肠，最要紧的第一步就是"串肠儿"，先把猪肠放在盐碱水中浸泡，反复用盐碱面揉搓，去腥洗净，而且要把挂在肥肠上的网油撕干净，然后再用清水加醋漂净，除去猪肠的腥臭味儿。这是最脏、最累的一道工序，也最要紧。

洗净的猪肠用大火煮，开锅后改文火炖，上面压个小一号的木

鲜鱼口天兴居炒肝店

锅盖，为的是熟烂、不走味儿，保其浓香。肠子烂熟后，取出切成五分长的"顶针段"备用。坐锅炸大料，至金黄炸透；炸蒜片，至金黄；炸黄酱，熟透装盆儿待用；另熬上好的口蘑汤备用。

做炒肝儿时，先把切好的熟肠段投入沸汤中，再放炒好的蒜酱、葱花、姜末和口蘑汤，稍一开锅即放入切好的嫩猪肝，开锅即勾芡，芡要上好、稀稠适度。最后撒上一层厚厚的蒜泥，香味扑鼻的"炒肝儿"即大功告成。跟着《北京新报》一段美妙的介绍——"会仙居喝炒肝儿去"，成了京城的一时之盛。

刘宝忠哥儿仨，为保炒肝儿新鲜滑爽，卖一锅做一锅，不怕费时费力。他们还在景德镇定制了一批直径二寸的小碗，专盛炒肝儿，讲究盛得匀实、冒尖，有肠有肝；喝时不用筷子不用勺，端着碗转着圈喝。喝炒肝儿不解饿，他们蒸的包子皮儿薄、馅儿大，味道鲜，正好与炒肝儿搭配。店里秉承一贯热情待客、周到服务的老传统，没有下班时间，什么时候来，什么时候喝，食客很满意。有心人编了不少歇后语，满城传诵，成了最动人的广告。如：

　　会仙居的炒肝儿——没早没晚。
　　会仙居的炒肝儿——没心没肺。
　　炒肝儿不勾芡——熬心熬肺。
　　猪八戒吃炒肝儿——自残骨肉。

说明人们喝炒肝儿，喝出了品位。
有人写诗赞道：

　　稠浓汁里煮肥肠，交易公平论块尝；
　　谚语流传猪八戒，一声过市炒肝香。

一味小吃，何以引得人们趋之若鹜，又说俏皮话，又写诗，赞不绝口呢？
原因有三：其一，事在人为。人们平时瞧不起的猪下水，也能巧用心计，精工细做，烹出美味。其二，干什么，说什么，有讲究。做小吃，就必须琢磨顾客的口味，挖掘市场的需求，吊住食客的胃口。其三，吃什么，怎么吃，有学问。小碗盛炒肝，别致创新，既省了成本，又赢得顾客的好评，点子就是钱。

会仙居成功了，这当儿，有人一门心思盯上了炒肝儿。谁呀？"远香馆"饭馆掌灶的厨师洪瑞和天桥卖大饼的沙玉福。两人都有一手好厨艺，又肯用心，更主要的是下定了与会仙居竞争必胜的决心。他们敢唱对台戏！两人合资就在会仙居的斜对门开了一家同样专卖炒肝儿的小馆儿——"天兴居"。你"会仙"靠神仙，我"天兴"靠天，看谁比得过谁！

天兴居的炒肝儿不是照搬照学、跟着会仙居的脚后跟儿走，而是有所改良。比如，设专人串肠儿，洗之前剪掉大肠头尾，干干净净，没有一点儿杂物；猪肝选最嫩的肝尖儿部位，口感最好；作料不用酱，改用上好的酱油；调汤不用口蘑，改用日本新发明的"味之素"；勾芡更不能含糊，选用上好清亮的芡粉，不计较价钱高低；选最好的厨师掌灶。

再有，用肝肠的下脚料烹制种种菜肴，贱价出售；改进服务，设雅座，聘女招待，安装电话，以方便顾客。总之，就是要不遗余力地精益求精，提升口味、观感，加强服务，创造"炒肝儿"的新品牌。

功夫不亏有心人。天兴居果然超过了会仙居。两"居"比着干，便宜了老百姓。1956年公私合营，二居合一，定名"天兴居"。

如今，炒肝儿遍布京城小吃店，却"各有千秋"：有稀汤寡水的，有没肝少肠的，店家却一脸正经地说："这是正宗的北京炒肝儿！"令人啼笑皆非。如今，炒肝儿早就没了原先会仙居、天兴居的那股子较真劲儿，炒肝儿味道自然非驴非马，令人望而却步，不敢问津了。

小吃不易，积年累月。遥想当年这些走街串巷的"先行者"，

天兴居炒肝儿

一年到头，不避寒暑，凭着一声声悠扬的吆喝，敲开了千家万户的门窗，送上美食，令人至今心存感激。而那一声声迥然不同的叫卖声、响器声，常常伴着往日的回想，激起旧情的涟漪，荡漾不已。

正是：

小吃不小辛苦成，手随心到制作精。

为求深巷回应客，冲风唤卖一声声。

打磨厂

西起前门大街，东至崇文门外大街，是沿着护城河，直通正阳、

民国时期的打磨厂

崇文两门的一条东西向的长街。

　　明朝在元大都的城址上缔造全新的北京城时，把北城墙一线向南缩入五里，南城墙一线，向南推进约二里。那时候，从房山运来的大量石料堆在这里打磨加工，留下了"打磨厂"的地名。清光绪三十二年（1906），前门箭楼东侧的京奉铁路火车站建成并使用，这下热闹了，紧挨着火车站的打磨厂瞬即兴旺，旅馆、仓库、饭馆、商店等竞相在原有的庙宇、会馆、民居中，抢夺商机，占地开业。

　　民国年间，长街打磨厂一分为二，靠前门的一段叫"西打磨厂"，靠崇文门的一段叫"东打磨厂"。西打磨厂靠近前门和火车站，商业发达；东打磨厂书铺多，文化发达。

福寿堂饭庄

西打磨厂饭馆多，档次不同，风味别具，其中最讲究的要数路北的福寿堂饭庄，几重四合院直抵北河沿儿，天井敞亮，有戏台，可以承办大型的豪华宴会。东家、股东、掌柜的都是山东人，经营的菜品当然是地道的鲁菜。

明清以来京城餐饮是鲁菜当家。甭管是大宅门里的厨子，还是街面上的大酒楼，掌台面的必是专擅鲁菜的大厨。鲁菜是随着儒、商两大客流进京的。它的强项是口味咸鲜服众、制汤醇厚增香、调理海味到位、刀功精细美观，是看着漂亮、吃着解馋、吃完留下念想的美食。鲁菜的经典名菜有油焖大虾、葱烧海参、干烧黄鱼、九转大肠、芙蓉鸡片、清汤柳叶燕菜、坛子肉、一品豆腐、四喜丸子、油爆双脆等等。

早年，内外城有不少大饭庄，它们不同于只管点菜吃饭的一般饭馆，可以举办不同规模的喜庆宴会，还可营办堂会，邀请京剧大佬演出超级阵容的大合作戏，成为长年的美谈。

打磨厂富户比邻，瑞蚨祥孟家、同仁堂乐家、大盐商查家，都住这条街。四时八节，各家的喜庆宴会倒着班地来，福寿堂歇得了工吗？老戏迷记得清清楚楚，福寿堂有一次的堂会令人难忘，谁办的，不记得；戏码至今流传。

剧目依次是：

李万春、毛庆来 《武松打店》

金少山 《御果园》

尚小云、荀慧生 《虹霓关》

余叔岩 《珠帘寨》

王凤卿、王瑶卿、李多奎、姜妙香 《探母回令》

杨小楼、侯喜瑞、筱翠花 《战宛城》

梅兰芳 《天女散花》

福寿堂名声在外。清光绪二十八年（1902），电影刚在法国问世，一个洋人就租用福寿堂的戏台，放映了几盘默片，惊得几百观众目瞪口呆。这是北京城第一次上映电影。

福寿堂买卖好，东城金鱼胡同还有一处，一个东家，一般规模，买卖一样的好！

大北照相馆

西打磨厂西把口路南，是1922年创业的大北照相馆。创业人赵雁臣脑子活、管理严。首先他占了个绝佳的地理位置：五牌楼底下，从早到晚人挤人、人挨人。两个大橱窗摆着上色的美女照、京剧化装照，吸引路人观看。那时候，照相是奢侈的事儿，等到春节时全家照个全家福，放大、上色，装个镜框挂在堂屋北墙上，是件挺庄重的事。

照相馆的二楼还专门开设剧装照。北京人喜欢京剧，就有戏迷盼着穿上戏装、化上妆，摆个姿势，留下一张"舞台照"，自己看着过瘾，别人看着夸赞。大北购置了生旦净丑各个行当的戏服、刀枪把子，请懂行人给穿扮化装指导，摆设动作。黑白片还可上色，五颜六色，十分漂亮。

赵雁臣严把照片质量，就是一张一寸照，也不允许出现瑕疵，赢得了顾客的信誉。新中国成立后，大北照相馆迎来了更大的商机，承担起在中南海怀仁堂和人民大会堂召开的全国党代会、人代会、政协会、劳模大会等大型团体合影的拍照任务，业务不断扩大，一丝不苟、精益求精的精神传承至今。

大北照相馆

三山斋眼镜店

眼镜据传是 16 世纪意大利传教士利玛窦传入中国的，明人绘画的《南都（南京）繁会景物图卷》有戴夹鼻镜的老者，明人罗懋登著《三宝太监西洋记通俗演义》里说，明永乐八年（1410）满剌加国王朝贡"瑷瑓（喻眼镜片）十枚"。

清初戴眼镜成为时尚，官绅腰间常系烟荷包、眼镜荷包，以示尊贵。除大量进口外，国人也精工选料制作养目镜、老花镜、近视镜。清同治三年（1864），河北深州、冀县的刘、张、李三人合资在西打磨厂，挑起高大的布幌旗，开设三山斋眼镜店。"三山"喻义三人合资经营眼镜风雨如磐、坚定如山。

眼镜架在鼻子上既要养目，又要美观、提气。所以选料必精，制作必良，样式必美，服务必优。老花、平光的白光镜片用水晶磨成，养目

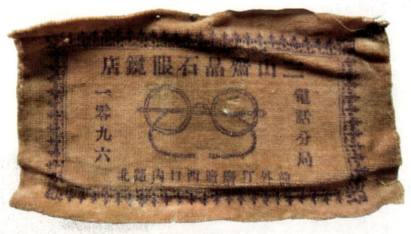

三山斋眼镜配布

色镜用茶晶石和墨晶石磨成。镜架用玳瑁和白铜精工细做。那时朝里的官吏、军阀几乎人手一副三山斋的大墨镜（或茶镜）。加之店里管理严格，严把质量和服务，京城上流人士以佩戴"三山斋"银镜为荣。

进入民国以后，国外眼镜的验光科学、制作精良、品种多样，逐渐挤占了国内市场。三山斋风光不再，只留下照片中的幌旗迎风飘摇。

老二酉堂

老二酉堂是家集编、印、发于一体的老书局，在东打磨厂中间路北。旧时实行科举制度，官学和私塾用的基础教材是"四书""五经"，初级识字课本是《三字经》《百家姓》《千字文》，老二酉堂就是销售、印制这些教材的一家书局。传说，秦始皇焚书坑儒时，有

老二酉堂所印课本

个读书人跑到湖南沅陵境内的大酉山和小酉山的山洞里藏书、读书，"二酉"就成了藏书万千的代名词。

清光绪二十二年（1896），当过一任小官的陈荫棠接管老二酉堂时，书局的销售不太好。他首先从印制好书入手，选雕版良匠，选用好纸好墨，同时给"串学房"的小贩较高折扣，扩展销路。他还利用老关系，接下印制朝廷《玉牒》的差事。陈荫棠不仅赚了钱，还赚到了市面见不到的"御版宣"（纸）；他用以印制《史记》《资治通鉴》等儒家经典，价格虽高，但销售快，很受读书人喜爱。

光绪三十一年（1905），科举废除后，陈荫棠一面扩大如《针灸集成》等医书的印制规模，一面抢占《宪书》（皇历）的市场，勉强维持。

宝文堂

宝文堂创办于道光年间，在东打磨厂东口路南。最初印销账本，质量好，受欢迎，后因时局动荡，赊账太多，难以为继。清同治四年（1865）宝文堂转手广西人刘永和，他丢弃账本生意，改营书铺，面向社会民众营销通俗读物，如把"三言""二拍"中的故事抽出来单印单卖，几十页一册，故事完整。读者花钱不多，用不了多大工夫就可以知晓《杜十娘怒沉百宝箱》《玉堂春落难寻夫》《蒋兴哥重会珍珠衫》《白娘子永镇雷峰塔》等故事，看书与听戏同步，小书卖得很好。

民国时期，他们更换设备，出版《武王伐纣》《刘邦斩蛇起义》《桃园三结义》《取金陵》等历史故事书。抗日战争期间，他们出版了《九一八事变》《二十九军大刀杀鬼子》等故事书。他们与天文台

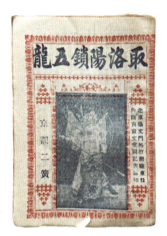

宝文堂所印唱本

合作，编印每年的《历书》行销华北等地区，效益良好。满足读者的阅读需要，是宝文堂在动荡中坚守经营的主要经验。

珠市口

珠市口明朝时叫"猪市口"，因不雅，改珠市口。细品前门大街两侧，几乎被各种"市"占全了：街西有珠宝市、粮食店、纸巷子、煤市街、铺陈市；街东有肉市、鲜鱼口、布巷子、果子市、瓜子市、草市、穷汉市……明晃晃的御道天街，竟挤在喧嚣的集市当中。

东、西珠市口在前门大街中段，东珠市口东至三里河，西珠市口西至虎坊桥。路窄，却都通电车，商店众多，十分繁华。

东、西珠市口与前门大街相交处，成十字街。无形中街北、街南

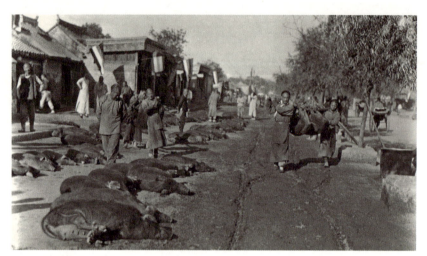

珠市口旧照

划出了一条区分高低档次的线：街北属富贵及家道殷实的中产以上的人士游逛；街南则是贫贱人的领地。街南头的"沸点"，当然是天桥，那是北京城除了紫禁城以外的另一块风水宝地。过去，街北的艺人就不能到街南的戏园子演出，反之亦然。妓院也是以此区分高低档次，就连大街两边的店铺也灰头土脸丢了身份，既无名店、老字号可言，也无高档货物可卖。到了天桥，则是另一类人群的另一个世界。

　　一条皇上眼皮子底下的"天街"，演绎出如此这般的花花世界、五彩人间。这种前门大街现象，包含了多么丰富的人情事理，商海鏖战的精髓！

　　想知道老北京的文化内涵吗？

　　前门大街是把开门的钥匙。

第二辑

皇城左右商意浓

王府井大街

今天，有人把王府井冠以"金街"的美誉，获得世人的称许。王府井果然流光溢彩，气度非凡，百年来成了人们来京旅游购物必到之地。

街自有名，何必冠以"金"字呢？

目前，在京城纵横交错的街道中，王府井大街以鳞次栉比的名店、质高货全的商品、比比皆是的商机、俯拾可得的财源，在京城所有的街市中独占鳌头，确实是条金不换的名街。岂不知，除了财源滚滚，商机无限，王府井早年的出身还很高贵。这高贵，缘自它西邻万岁爷指点江山、一统天下、独坐龙廷的紫禁城。

金代，这里是中都城的东北郊，比较荒寂。元至元二十二年（1285），元大都城全部建成，王府井地区位于城内的东南角，名为"丁字街"，中央王朝的三大衙署，就有两个建在王府井地区：一个是"掌天下兵甲机密之务"的枢密院，另一个是"掌纠察百官善恶、政治得失"的御史台。足见当年此地近卫皇城，参知军政要务，是朝廷外围办事机关的机要重地，平民百姓哪敢靠近半步。

明建北京，虽然摒弃了元代的宫城，但位置大体没变，建起了紫禁城，把皇太子生活、读书的宫室安排在宫城东南面，而在东安门外则建起了十王邸。十王邸就是十王府，它是给已封王而未就藩地的亲王建造的一个共居大宅院，便于监察管理。号以十为众，并不是十座王府的意思。后来"十王府""十王府街"就替代了"丁字街"的街名。到了明末清初，干脆就叫"王府街"了。

清光绪三十一年（1905），京师推行警政，整理地面，正式厘定街段，改"王府街"为"王府井大街"。这是一条位于皇城东墙外的南北长街，北起灯市口西口，南抵东长安街，全长780米。过去，这条街也曾北起东四西大街，南至台基厂，长多了，不过大家认可的还是中间这一段。民国初年，英国《泰晤士报》驻北京的记者、袁世凯的政治顾问、澳大利亚人乔治·莫里逊曾住在王府井大街中段路西（今亨得利表行附近），洋人习惯把这条街叫"莫里逊大街"，此人联系广泛，知名度很高，海外来人一下火车就向赶马车的打听"找莫里逊怎么走"，马夫尽知，于是王府井大街就成了莫里逊大街了。

北京缺水，虽然民以食为天，但水是活命的根本，须臾不可少。所以北京叫"井"的胡同特别多。而改"王府街"为"王府井大街"的重点，是突出了那口井，说明民众头脑里最鲜明的识别记号是密切相关的井水，并非气势宏大的王府。根据历史记载和《乾隆京城全图》中标明的位置，这口井位于王府井大街中段路西、一组突出的街心建筑物的旁边。

王府井大街井口

奇怪的是，这口井为什么非要建在官街大道的中心呢？

原来，这口井在明人笔记中就有"甘洌可用"的记载，当时很出名。过去，人们出行或骑马或驾车，都离不开大牲畜如马、骡、驴、骆驼。因此在大道要冲有条件的地方，常设有"井窝子"，供行旅客商打尖歇脚，让大牲口饮饮水、喘喘气。"井窝子"是指井口周围有一窝空间，供人畜回旋休息，类似今天高速路加油站的服务区，是道路交通的中继站。

这口井东邻东安门大街，是进出皇宫东华门的必经正路。井的东面，是金鱼胡同西口。穿过这条短街，就是繁华的东四牌楼南大街。井的北端，路不长，名曰"八面槽"。八面槽者，供四方八面牲畜盛放草料、用水之石槽也。可见此井社会效用之大，人们印象之深。

老辈人还记得，在民国初年，这口官井有两个井口，井台是用青四丁砖砌的，井台上竖着一丈多高的井架。架子上的横木悬挂着一个滑车，滑车上缠绕着又粗又长的大麻绳，麻绳两头各系着一个大柳罐。两个打水的工人站在井台上，用手拉着大麻绳，一上一下交替着从井里往上打水。打上来的水，专门用来泼洒王府井、东华门、八面槽和金鱼胡同的路面，清洁降尘。当然，位居闹市通衢的水井，更少不了消防救火的功能。

王府井的这口"井"，可谓劳苦功高、一身多职。今天，这口井被封住了，金属井盖儿，围以链柱，算是金街的一个纪念物。人们排着队在这儿照相留影，见证到此一游。

昔日的王府井大街，成为今天的商业金街不是偶然的，它有机遇、有过程，曲曲折折，内中不乏王府井人应天时、用地利、求人和的拼搏精神和超人智慧，积淀下宝贵的营市经商的经验教训，这是一笔用之不竭的无形资产！

立地生金。王府井的老本，还是离皇上近的地利。

想当年，朝臣待漏五更寒，起早贪黑，每天上朝都要经过东安门大街，进东华门。这样，街边有了地摊，有了饭馆、古玩店、衣帽绸缎店等，专门迎候下了朝歇一阵、聊一阵、喝一阵、吃一阵、逛一阵的达官贵人们。

最热闹的时候是每年正月十五的上元灯节。宫里在午门大摆花灯，君臣同乐；宫外灯市辉煌，万民同欢。明代极盛的灯市就设在十王府北面的灯市口。从正月初八开市，到十七日结束，每天从早到晚来自四面八方的商贩，赶到这里支摊搭棚、销售各式各样的商品。高档的有古玩珍宝、绫罗绸缎、西洋的自鸣钟；低档的有锅碗瓢勺、粗布衣靴、日常用品，可谓百货俱全，各取所需。入夜，商市转为通宵达旦地观灯、放烟火，同时百戏、杂技开锣登台，星辉月明，火树银花，鼎沸京城。

当时有首诗既写出了灯市的盛况，又描绘了游人的心理：

东掖门东灯市开，千官万姓拥尘灰；
悔不多钱买身贵，鞍笼喝道下驴来！

封建特权不光在官场，逛灯市也是"官老爷"优先！

市过后，余韵未了，官宦士绅认准了这个地近皇城、纸醉金迷的如意场所，饮宴宾朋、权钱交易，极为方便。因此，这里的饭庄酒楼争相开业，装饰一新，高档商铺顾客盈门。金街金市，就连紫禁城里的皇帝也动了"下海"的心。

据太监刘若愚著《酌中志》记载，明嘉靖、万历年间，皇帝搭帮太监在十王府北的戎政府街边，合伙开办了专门采购宫内用品的宝和、和远、顺宁、福德、福吉、宝延六家大店铺，自采、自供、自赚、自搂，每家年利白银数万两！然后是皇上、太监按股分钱。

清军入关进京，顺治皇帝整肃内城，强令汉人迁到外城，皇城周围清理尤其严厉，商市立挫，但红火的灯市仍按明例在东安门外举行。节后，受利益驱动，摊商赖着不走，街市依然繁荣。康熙朝后期，灯市虽然迁到了前门外的天桥、琉璃厂、花市，王府街南段

卖风筝的商摊

的生意却鬼使神差地渐渐兴盛起来，出现了古玩玉器、京广杂货、米面油盐、医药酒饭等店铺。比如开在菜厂胡同的聚丰堂，因其"中厅极敞，院落尤宽，演戏最相宜"，很多官宦阔佬常到此举办喜庆堂会，被誉为"内城第一饭庄"。

可见，王府井大街的商机萌发于明代，发展的契合点依次是灯市口、东安门大街、丁字街、王府井南大街，而催动王府井大街兴旺、点石成金的关键点，是后来离那口井不远的东安市场。

东安市场

有人说，东安市场这块地方清初是平西王吴三桂的王府。把叛明降将一家安排在皇上眼皮底下，是亲近，还是监视？只有皇上知道。康熙扫平三藩后，王府化作捍卫皇城八旗军神机营的练兵场，整日操练不辍。清代中期以后，政局昏暗，军队耽于享乐，谁还肯吃苦操练？练兵场荒废不用，成了一片无人管理的空地。

朱启钤曾做过光绪末年时的京师内外城巡警厅厅丞。民国初先后任北洋政府的交通部总长、代国务总理、内务总长，署理北京市政，建树颇多，至今北京人仍受益其功。

朱启钤回忆王府井的变迁脉络清楚，内中有很明确的建设理念。说到东安市场，他说，自明代以来，东安门至王府井一带的两侧鱼摊菜市喧哗，这些摊贩早在明代就向提督衙门租得或方丈或数尺地面，搭棚营业，父子相传、师徒相继，每月向官厅交纳租费。遇有皇上从东华门"出跸"时，一律停市，撤出棚障，搬走鱼桶，暂避一时。等"大差"一过，仍然蜂拥复来。

清光绪二十八年（1902），清政府在国内外改良思潮的重压下，不得不做点儿"新政"。做什么呢？第一档的面子工程，就是由肃王领导的内城工巡局，以改良交通的名义，整修东安门至王府井一带的马路。这就要铲平东西向的几百米御道，清除街边的鱼摊菜贩。

这一来，可引起了很大的混乱。这些路边摊贩历经多年，已经形成产业，一旦拆除，生计无着，自然抗命不从。再一层，大街附近的饭馆及贵戚宫庖，失去了每日就近采购鱼肉蛋菜的方便条件，也大呼不满。掌管京师地面治安的步兵统领那桐，就住在丁字街东的金鱼胡同西口，他深知其情，乃以照顾摊商的生计为名，奏请慈禧老佛爷恩准，把摊贩迁入近在咫尺的练兵场空地，划出范围，集中经营。慈禧也怕再惹麻烦，只好点头应允了。

这一招果然好，既得民心，又合事理。摊贩有了新的落脚点，生意照常火爆；马路顺利开工，官面脸上也有光彩；练兵场有门有围墙，又有空旷的大操场，军改民，废改用，一举三得，岂不是皆大欢喜？看来治民有术，设身处地给民众出路，是很重要的一条。

练兵场因地近东安门，所以取名"东安市场"。过去北京人买东西、找乐子习惯"赶庙会"。东安市场由于地点适中、货品齐全、天天营业，大大方便了四九城的百姓。由于场地宽阔，许多民间艺人也赶来搭场子：打拳的、摔跤的、耍狗熊的、耍猴力子的（傀儡戏）、唱大鼓的、说相声的、变戏法的、算命看相的……很快，东安市场就成了内城的游乐中心，吸引了大批中外游客。当时有一首竹枝词（兰陵忧患生《京华百二竹枝词》，1909）唱得好：

新开各处市场宽，买物随心不费难；

若论繁华首一指，请君城内赴东安。

东安市场的兴起，引起京城各界的关注，纷纷筹资打主意，谋求立足创业，就连当初"内城逼近宫阙，例禁喧嚣"，不许开戏园、会馆的老例儿也破了。

为了满足内城戏迷在家门口看戏的渴求，内廷大公主府（今宽街北京中医医院）总管事刘燮之出资，在东安市场北靠近金鱼胡同处盖了吉祥戏院。刘大总管交游广泛，他能够约来京剧名家余叔岩、杨小楼、梅兰芳等名角来吉祥戏院演出。20世纪20年代，一次余

民国时期的东安市场西门

王府井新东安市场

叔岩在此演出《搜孤救孤》，晚间大雨倾盆，观众携伞而来，剧场依然客满，一时"吉祥"名重京城。"吉祥"突破了东安市场"庙会"的低档次，带进来大批高层次顾客，相应地古玩店、绸缎庄、西服店、皮鞋店、台球社、乒乓球社、舞厅、西餐馆、南味食品店、中西旧书店等相继开业成街。一个"万宝全"式的、讲究质量品牌和周到服务，又兼顾各个层次的综合商场出现了。它带动了王府井大街、东四南大街和东华门大街，与东四北大街的隆福寺街遥相呼应，形成一个高于东四西单鼓楼前，集购物、餐饮、游逛、娱乐于一身的新商业区。

由广场摆地摊难避风雨，到支棚搭架顺东墙盖起简易房，到后来场内街道成形、商店固定，东安市场的商业布局和经营特色基本形成。据1933年12月的统计，全市场共分16个经营地区：畅观楼、青霖阁、中华商场、丹桂商场、桂铭商场、霖记商场和东庆楼等7个小商场，吉祥大院、正街、头道街、二道街、三道街、西街、东街、杂技场、南花园等9条街巷，计容纳各行各业、具有各自经营特色的商贩922家。其中，经营日用百货的占全场商贩的一半左右。京广杂货求时新，饮食餐点吸引人。

新区聚集了京城名店，而许多街店又靠优质的产品和周到的服务赢得顾客的信任，成为名扬中外的"老字号"一条街，如东来顺、森隆餐馆、稻香春南味店，以及街面的国货售品所、利生体育用品店、中原公司、王府百货公司、陈振锠西服店、盛锡福帽店、同陞和鞋帽店、亨得利钟表行、大明眼镜店、永仁堂国药店、东兴楼饭庄、萃华楼饭庄等。街抬店，店抬街，原来金街之"金"在于高悬金字招牌、比比皆是的名店。

在半个多世纪的演变中，东安市场融入了北京人和中外游客的生活。人们熟悉它，像老朋友，进市场走哪个门儿，该上哪儿，买什么、吃什么、看什么、玩什么、乐什么，心里有数，抬腿就到。那时候不讲顾客是"上帝"，时兴"出门靠朋友"，互相熟悉，大家方便，买的卖的都很实诚，钱尽管赚，但要让顾客满意，下回还来。

东安市场有一种浓郁的文化气氛，买卖中极富人情味。它不是不讲利润效益，不讲竞争取胜，不讲商战险恶，可贵的是在商海潮汐中，这里涌现出一批成功的弄潮人，他们手创的一批名店至今熠熠放光，这是一笔财富，是构成王府井文化的光彩奇葩。

东安市场遭过两次火灾。一次是1912年2月29日晚，袁世凯为拒绝南下，指使曹锟的部队制造哗变，冲进市场，连抢带烧，无一商户幸免。另一次是1920年6月9日晚，大火突起，只存北门稻香春、东来顺及吉祥戏院数家店铺。起火原因不明，据说是某商店资不抵债，无路可走，老板举火，祸及毗邻。然而，火烧旺铺，劫后重建的市场，反而更加规整兴隆。因为市场成熟了，它拥有丰厚的再生资源。

新中国成立后，市场与大街愈加繁荣。1955年9月25日，新建的北京市百货大楼竣工开业，与路东的老东安形成鲜明的对比，却又互为补充。1968年，东安市场大拆改，原来的店街没有了，代之以大罩棚下一排排货架。进入20世纪90年代，金街金价，以东安市场为主要标志的王府井大街跃入辉煌，建起了"新东安"，矗起了"东高广场"，街市焕然一新，成为新北京向国庆五十周年献礼的一道风景线。

北京市百货大楼

华灯初上，伫立街头，颇为眼前街景的宏丽而自豪；思之既往，又不免遗憾在胸，熟稔的过去所积累的革新经验又怎能以几尊铜塑像所替代呢？在拓地建园凸现东堂的同时，发掘历代王府井人筚路蓝缕创业的精神，该是使这条金街"汲养而不穷"之所在。

东来顺清真羊肉馆

"东来顺粥摊"是丁德山左思右想、费了很多心思给自己的那个小粥摊取的字号。他先呈报官面，得到许可，这才把"字号"牌子挂到东安市场北门里靠东的小粥棚子上。

丁德山是回族人，号子青，排行老大，二弟德富，三弟德贵，老家在离北京不远的河北省沧县。老爷子早先跑到北京城摆小摊、做小买卖，什么都干，全家住在东直门外二里庄，破瓦寒窑。三个儿子除了有把子力气，什么都没有，靠挖黄土拉到城里卖给盖房、和煤的人家，挣俩小钱儿为生。日子过得艰难。

丁德山不认命，他好琢磨：整天卖力气拉黄土能挣多少钱？他进城走街串巷处处观察，瞄上了王府井。

清光绪二十九年（1903），丁德山向亲友借了一辆手推车、一条大板凳和一张案板，又向本家丁记鸭店借了几块钱，来到刚刚摆摊开业的东安市场。靠着他好交际，靠着管这块地方的太监魏延的帮助，他在离北门不远的东边摆了个小饭摊。

那时候东安市场是蔬菜鱼肉杂货市场，露天地儿，顾客都是平头百姓，要不就是给大宅门做饭的厨子。丁德山本钱少，卖的吃食既物美价廉，又投其所好。他卖的熟杂面和荞麦面扒糕，口味好、分量足，加上饭摊拾掇得干净利落，叫人看着顺眼、吃着放心，很受顾客欢迎。

本小利就小，再受欢迎的小饭摊又能挣多少钱？丁德山不怕苦，他除了在东安市场摆摊外，还守时守刻地到四九城各处赶庙会。春节前后，厂甸最热闹，他提前赶到，为的是抢占个好的地界，晚上就在北风大雪中睡在摊上，保住厂甸这半个来月的好收入。

他留神顾客的需求，摊上增添了卖力气人爱吃的棒子面贴饼子和热腾腾的粳米粥。"摊"也要改善。他用积蓄下来的钱，在原摊位盖了个棚子，清光绪三十二年（1906）挂上了"东来顺粥摊"的招牌。取这个字号，他可没少费心思。他想，东安市场在东华门外，属内城的东城；他住在东直门外二里庄，也是东。这一连串的"东"，搭上"旭日东升""紫气东来"的大吉大利，他认为这是他顺利立业的根源。他很看重为人处世、开张做买卖的"顺"字，顺时、顺心、顺地界、顺市场、顺顾客、顺官面、顺家人、顺亲友……一切都顺，"买卖"就顺，就必然"财源茂盛达三江"。"顺"是丁德山一辈子信奉和追求的目标，所以他给店起名"东来顺"。

丁德山

俗话说："人生不顺，十之八九。"丁德山一心求顺，时势却偏偏不顺。1912 年 2 月 29 日晚，曹锟的军队大抢大烧王府井的东安市场，丁德山的小粥棚灰飞烟灭。为了求顺，他心不灰、意不冷，照样不认命，求亲告友，终于在好友广兴木厂张掌柜的帮助下，赊垫材料和工钱，在焚毁的废墟上盖了几间灰瓦房，比原来的小棚子阔绰多了。

东来顺经过粥摊、粥棚，进场又进座，这才建成了清真饭馆。1914 年，新开张的东来顺增添了当时北京城最时兴的"炮、烤、涮羊肉"，正式更名"东来顺羊肉馆"。

木炭铜火锅的涮羊肉，是北京城冬季非常流行的食品。它融酒、肉、菜、面、汤于一锅，既合于冬日进补、暖胃、发汗、健身的养生原理，又合于聚亲友师生嘘寒问暖、共叙亲情、交流念想的生活方式，深受上自宫廷帝后、王公大臣，下至士农工商、平头百姓的欢迎，是一种简繁适当、调和余地宽广的餐饮方式。丁德山把家家能做的涮羊肉，完善成为东来顺的当家品牌菜，自有其一番超人的见识和做法。

首先，涮用的羊肉质量必上好，一涮即熟，鲜嫩可口，有入口不嚼即化的口感。丁德山每到秋季即出德胜门，到马甸的羊店选购内蒙古西乌旗的大尾巴绵羊，只选二至三年阉过的公羊，或仅产过一胎的母羊，然后把羊赶到东直门外他买的几百亩地里，交经租地的佃农饲养。他只供饲料，以羊粪代工钱。赶到冬季羊肥了，火锅该上桌了，正好屠宰上市。

20 世纪 30 年代的北京城外，随处可见放羊的景象

涮用羊肉只有羊身上的"上脑""三岔""黄瓜条"等几个部位的肉鲜嫩可用，自然定的价格高。剩下的羊肉供应本店的"大板凳"，用不了的卖给一般的羊肉床子。这样一专多用，售价不同，不仅保证了涮肉的质量上乘，超过市面上的同类商品，赢得美名，而且利润丰厚，可谓名利双收。

早年北京人吃涮羊肉总是到前门外五牌楼把口的正阳楼饭庄。那里大师傅的刀功特好，剔肉干净利索，切肉薄如纱巾。一盘精薄的羊肉片铺在青花盘上，透过红白相间的羊肉片可以分明地看见盘底的花纹背景。丁德山想方设法结识了这位厨师，用重金聘到了东来顺。

肉好、刀功好，更要涮肉的作料好。从某种意义上说，吃涮羊肉吃的是作料。早先东来顺用的油盐酱醋和涮肉作料，都是从对门百年老店天义成酱园进的货。这家老字号酱园的小菜早在清咸丰年间就被宫内的御膳房选用，传说慈禧就特别爱吃天义成做的桂花甜熟疙瘩。它与六必居、天源齐名，被誉为京城三大酱园之一。

丁德山早就敬佩天义成精工细做，把小菜做得丝丝入扣，质高味永。惺惺惜惺惺，两家合作得很好。后来因天义成资金周转不灵，丁德山就势把买卖盘了过来，自任经理，改名"天义顺"，与东来顺成了一"顺"到底的联手店。这一来，东来顺更有利了：副食调料不用外购，既省了中间商盘剥，又保证了质量；门对门相互照应，管理方便；地处繁华，商机无限，利润源源而来。

丁德山接手天义顺酱园后，制作要求更加精细。比如特制的铺淋酱油，要在黄酱汁中调入适量的甘草、桂皮、冰糖。腌制的韭菜花，要加入适量的酸梨，使味道酸甜可口。腌制的桂花糖蒜，产地、个头、瓣数、起蒜时间都有严格要求：经过去皮、盐卤水泡、装坛倒坛、放气等工序，前后要三个月，检验合格才能出售。东来顺的涮肉作料，样样考究、口味鲜美，无人能比。这是他创品牌、立基业，赢得市场声誉的原因之一。

此后，他又开办了永昌顺酱园和打造铜铁炊具的长兴铁铺，用以随时改进涮羊肉的铜火锅，加大火力，肉片入锅即熟。丁德山是把东来顺当作"联合舰队"来经营的。他把平平常常的涮羊肉分时分段地化解，逐一剖析，追求全系统过程中每个环节的高质量，坚持不懈，十分难能可贵。这足见丁德山的智慧、魄力和能力。

1923年，他把瓦房改建成楼房。1928年，他又购置了邻近一家太平洋烟行的铺面房，扩建成三层楼房，不久又买过邻近的一小块店基，扩建了东楼南部，营业仍以涮羊肉为主，同时增添了山珍海味，并可包办清真教席的大型宴会。这样上下三层楼房能同时接待四五百人，成为北京城内的大饭庄之一。

夏天是涮羊肉的淡季。东来顺根据东安市场众多游客的需要，增添了杏仁豆腐、豌豆黄、冰激凌等小吃。端午节上江米粽子，春节前后有江米年糕、元宵。应时当令，常换常新，总有吸引顾客的食品，生意长年兴隆。

东来顺的"大板凳"令人难忘。至今，许多老人在赞美东来顺涮羊肉的同时，更钟情它的物美价廉，一心为贫苦人着想的"大板凳"食品。

丁德山发了，可他没忘粥摊起家时的老朋友、老顾客。一条大

旧时东来顺的片肉师傅在室外片肉

板凳、一张大案子，没身份、没等级，坐下来就吃，吃完结账，吃食都是专门供应的大众经济饭菜：斤饼斤面分量足、口味香；饺子馅饼肉多油大；大碗实惠的杂面条；小盘的醋熘白菜，炒疙瘩丝、炒豆酱、羊杂碎……管保花钱不多、吃饱吃好。"大板凳"不但吸引了拉车的、盖房的、扛大个儿的、做小买卖的劳动大众，也吸引了家在外地、人在附近念书的大、中学生。后来新楼建成后，丁德山仍然在楼下的东厅，刻意保留了可容百人同时就餐的大板凳，这在北京有名的大饭庄中是绝无仅有的。

1931 年，老作家张中行先生考进沙滩北京大学国文系。讲到吃，他在著作《流年碎影》中回忆说：

总是往东安市场，因为离得近，还可以买其他用品。东安市场饭馆不少，高档次的有森隆、五芳斋，低档次的有春元楼、俊山馆等，中等偏上有润明楼和东来顺……最常走进的是东来顺。它生意

老北京铜锅涮肉

做得活，比如也可以不改善，吃羊肉饺子20个，8分，加小米粥一碗，1分，共1角就解决了问题。稍提高，可以吃羊肉馅饼或牛肉肉饼，都味道很好。再提高，三四个人，登楼，还想喝几两，下酒之菜，经常是酥鱼、酱腱子各一盘，价都是一角六分。料上等，工细致，所以味道绝美，现在是价提高百倍的也做不到那样了。还有绝种的是几分钱一碗的酸辣汤（内有鸡血条和豆腐条）和不要钱的高汤（上好的是鸡鸭汤上撒豆苗），有时真想喝几口，就不禁有广陵散之叹。

中行老人的陈年回忆，清晰亲切、情意缱绻。细细想来，东安市场的动人光彩，不也正是像东来顺这样一些老字号，以它们自强不息的点点星光汇聚而成的吗？

丁德山东来顺的美梦成真了，而且越来越美，梦也越做越大。一直到今天，由正阳楼、东来顺等名店带起来的"涮羊肉"，不仅是京城冬令必备的美食佳肴，而且全年风行、全国风行，乃至流传国外。

问题来了，用铜锅烧水煮肉、煮菜，在我国有一千四五百年的历史，何以涮羊肉存古翻新，把它变成今天上自国宴、下至家宴的一份珍馐美味呢？丁德山们功不可没。他们精耕细作，开发了我国饮食文化的一隅园地，四季常青。细想，一个穷得卖黄土的受苦人，不甘受苦，用智慧和毅力，在纷纷扰扰的市场中，竟能找到自己的最佳位置，而后锲而不舍地打造产品、精益求精、触类旁通、开发体系，在不断提高饭馆档次的同时，竟能够还想着中层、底层的消费者，珍惜饭店字号的声誉，在那个时代，丁德山也算心中有人了。

食不厌精的"谭家菜"

俗话说，天下没有不散的筵席。

这句俗话寓意了世间好事不永，好景不长。既然有欢声笑语热热乎乎的开场，那就逃不脱人走茶凉杯盘狼藉的散席。然而，竟有执拗地钟情饮食的"一根筋"，不计聚散、不计功名、不吝家财，一头扎进珍馐美味之中，苦苦追寻孔老夫子"食不厌精，脍不厌细"的无穷境界，摒弃笔墨，偏要用五味五色调理出一篇"吃"的传世文章。

他真的"写"成功了，食客称之为"谭家菜"，美名远扬，流芳至今。

这个谭家菜的首创人叫谭宗浚，字叔裕，清道光二十八年（1848）生于广东南海县，出身书香门第。谭宗浚家学深厚，生活富裕，他的父亲谭莹是位饱学大儒，同时留意口福。父亲循循善诱，儿子聪慧好学，终于在清同治十三年（1874），谭宗浚以优异的成绩考中一甲二名进士，荣膺榜眼，官居翰林。然而，他虽学富五车，却不介意经世济民的学问，时常问道于摆上桌的宴席，穷究一盘盘燕菜翅席的烹制火候。小时候他常陪伴父亲品尝家乡的广州菜、潮州菜、东江菜，不俗的是，他口有所尝，必心有所思，从品味、比较和灶前观察中，寻思出点儿道理，常窃喜不已。后来朝廷外放他

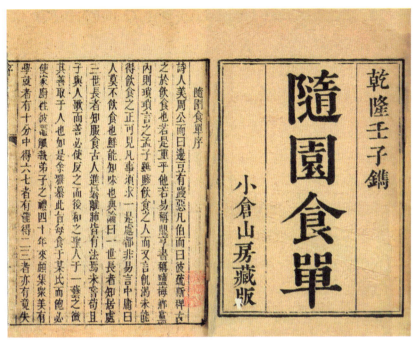

《随园食单》书影

四川督学，有幸一脚踏进百味食府，他欢喜非常，川菜百菜百味和浓烈鲜明的品格，令他记忆尤深。后来谭宗浚又奉旨调任江南副主考，有幸遍尝江南名菜，淮扬风味别开生面，使他获益匪浅。有个考生知道他"好吃"，献给他一本乾隆年间江南大才子袁枚的《随园食单》，他如获至宝，披读再三，对"吃"的领悟越加渗透。

谭宗浚自江南回京，早把个做官的烦心事抛在脑后，与儿子谭瑑青一门心思地在京城里寻名馆、品名菜、访名厨、觅菜料，琢磨着怎么样汲取南方菜（广东菜、淮扬菜）和北方菜（山东菜）的优长之处，融合为一，做到甜咸适度、有口皆宜，由此自创了众口能调的"谭家菜"。

有道是一门心思领悟深，拨开青天万里云。比如，《随园食单》上说："味要浓厚，不可油腻；味要清鲜，不可淡薄。此疑似之间，差之毫厘，失以千里。"这"浓而不腻，鲜而不淡"是袁枚的经验。话虽简单，可这个"疑似之间"的度，却难以拿捏。谭宗浚与儿子谭瑑青反复琢磨、试验，又出重金，遍请京城名厨高手探索观摩。名厨是随请随辞，不为沿用，只为取其手艺的精绝之处。有所领悟后，谭氏父子就下帖子宴请同好亲友前来品尝，亲自下厨烹调细做，诚恳征求意见。从此，西四羊肉胡同谭府的家宴名声鹊起，朝野呼之"榜眼菜"。

谭宗浚精于食之道，却疏忽了世之道，加之他为人耿介，得罪了上司。《清史稿》里说他"以伉直为掌院所恶，出为云南粮储道。宗浚不乐外任，辞，不允。再权按察使，引疾归，郁郁道卒"。喜爱的事做不成，反而奔波劳碌受人主使，心情郁闷成疾，谭宗浚这位榜眼公就病死在中途路上了。所幸他有一个继承遗志、比他还痴爱烹调的好儿子谭瑑青，不仅谭家菜没有半途而废，反而日趋成熟，人称"谭馔精"。进入民国后，谭瑑青先后在交通部、平绥铁路局、教育总署、内务总署、实业总署、监察院等处担任秘书，奉公之余依旧是设宴家门，日日与清朝的遗老和民国的新贵欢宴如昨，怎奈此时谭府已非彼时谭府，多出少入，坐吃山空，家境日趋窘迫。朋友不忍，主人有意，为了维持菜品和规格的高贵，家宴变相为预收定钱，用于购买昂贵的食材，早早准备，但礼仪不变，只限一桌十一人。

文物专家朱家溍老先生回忆说：

在我二十岁左右的时候，琭青老伯家住在宣武门外南海会馆（此时谭家已卖掉西四羊肉胡同住宅搬到米市胡同 19 号）。这个时期出现了一个新办法，琭青老伯有些朋友为了要吃那种比各大饭店更高品位的鱼翅、鲍鱼以及一些精致的家常菜，就纠合十一人，再加上琭青老伯也算一份，共十二人组成一个"吃会"。最初每人二元（银圆），每月一次。为了"吃会"巩固长久，定下规矩：如果因故缺席，也必须照章缴费，可以派人代替，譬如派子侄或其他亲属去参加。我有时能够参加就是代替父亲前去。这个"吃会"最初只有一个，渐渐发展到四五个，每人增加至四元。除这种固定长期的"吃会"以外，后来又有经谭老的朋友介绍临时组织的局面，每人五元，谭老作为客人出席。

十二个人的圆桌虚一主位，摆一副碗筷，开宴后，谭琭青过来支应一下，饮口酒，尝口菜即离席到厨房主厨。这样，既圆了做东道主的面子，又凑够了客人的份子，摆出一桌京城独有的燕翅席，落个主客欢畅，两全其美。

这种由志趣相投的十一人组成的"转转会"在民国初年很盛行，他们每逢周日轮流做东，选个高档饭馆欢宴一次，参会的成员都是清末民初的社会名流，如溥心畬、张大千、于非闇、傅增湘、陈宝琛等。"转转会"不光吃"谭家菜"，也吃京城著名的"八大楼""八

清末的文人食客

大居"。谭琭青也参与其间，开阔了眼界，增进了见闻，有助于"谭家菜"的品位提升。于是，京城在街面上流传开"伶界无腔不学谭（鑫培），食界无口不夸谭（家菜）"的谚语。口碑胜于广告，美食者为了一睹庐山真面目，蜂拥而至，打破了谭府原来每晚只订一桌的成规，加至两三桌，最后只设晚宴的规矩也打破了，开始预订白天午宴，如此仍满足不了订宴宾客的需求。

《四十年来之北京》书里说，谭家菜"声名越做越大，耳食之徒，震于其代价之高贵，觉得能以谭家菜请客是一种光宠，弄到后来，简直不但无'虚夕'，并且无'虚昼'，订座往往要排到一个月以后，还不嫌太迟"。吃谭家菜，又多了一个挣面子、摆阔气的功能。

俗话说，工欲善其事，必先利其器。这里，器自然是要利的，更重要的是食材的纯正。没有地道正宗的原料，即便手艺再好，也做不出色正味香的菜肴。因此谭家做菜首先从原材料的正宗抓起。早先，谭家菜筹办宴席的用料都是谭家主人亲自到市场按照菜谱选购最上乘的原料，一点儿不将就。比如，熊掌必选左前掌，据说，老熊经常用舌头舔这只掌，因而营养丰富，较为肥厚。鱼翅必选"吕宋黄"，鲍鱼当选"紫鲍"，吊汤的整鸡也非三黄鸡、龙门鸡、清远鸡不可。选料严格，从根本上保证了菜肴的质量。

谭家菜讲究原汁原味，不用花椒、大料炝锅，出锅不撒胡椒面，焖菜时不续水兑汤，保持原菜原汁。菜肴软烂全靠慢火细煨，忌用急火快炖，很少用猛火掂勺、翻炒的爆炒。因而谭家菜的烹饪手法主要采用烧、煨、焖、蒸、扒、煎、烤，以及煲汤等。谭家菜忌用味精之类的调味品，调味全靠精心吊制的汤料来提鲜，尤其是烹制燕窝、鱼翅、熊掌一类山珍海味，更是离不开好汤煨焖。谭家菜的清汤是用整鸡、整鸭、猪肘子、干贝、金华火腿等上好原料熬制的，汤清味浓，调制出的菜肴自然鲜美可口。

谭家菜经营近200种菜肴，名菜以燕窝、鱼翅、鲍鱼、海参等名贵滋补品为主，素菜、甜菜、冷盘和各色点心也很拿手。比如，它的拿手菜"清汤燕窝"，不用碱水涨发燕窝，而是反复用温水浸泡3小时，再用清水反复冲漂，非常仔细地择除燕毛及杂物，而后将泡发好的燕窝放进大汤碗，注入半斤吊好的浓鸡汤，上笼屉蒸30分钟，取出分装入每位客人的小汤碗，再兑入烧开鼎沸的清汤，每碗再撒上切得很细的火腿丝，香郁扑鼻的"清汤燕窝"即可上桌。这道汤菜用的是智慧、靠的是功夫，凸显了谭氏对食材的洞悉、烹制的精熟和口味的调剂。

高贵的燕翅鲍鱼自然精心制作，一般的饭菜也有精细可口的做法。荷叶饭，是用香稻米加入香菇丁、火腿丁、鸡丁拌匀，再用鲜荷叶包起来蒸，清香爽嫩，菜饭一家。焖面，是用剩余的鱼翅汁与面条一起焖，把握火候，焦嫩适口。谭琢青创造的"三片一起吃"简单而绝妙，取一片去骨的鸭肉，上覆一片金华火腿，下垫一片去茎的福建香菇，上屉清蒸，三香融合，入口滑嫩。谭家菜自制的饭后甜品也令人难忘。如杏仁茶，是将甜杏仁加几粒苦杏仁用小石磨磨浆，兑入细腻的枣泥，烧开后饮用，杏仁香裹着微微的枣甜，回味无穷。

谭家菜如此之精美华贵，受人追捧，它是怎么个吃法呢？

据当时厨房帮工、谭家菜传承人彭长海讲，20 世纪 30 年代，谭家菜最有代表性的燕翅席的程序是这样的：

十一位客人到齐，纷纷落座，茶罢各盏。

开桌先上"叉烧肉""红烧鹅肝""芙蓉干贝"等六道酒菜：斟酌指点，初开味觉。

酒至二成，上头道大菜"黄焖鱼翅"（厚味醒人，滑爽尤宜）。

温水漱口毕，上二道大菜"清汤燕窝"（浓而不腻，鲜而不淡）。

接着上第三道菜"蚝油鲍片"，或"红烧熊掌"（再试厚重，越嚼越香）。

第四道菜是三斤重、一尺多长的"扒大乌参"（扒出滋味，吃出滋补）。

第五道菜上"草菇蒸鸡"（鸡香菇爽，巧妙搭档）。

第六道菜上"素烩银耳"，或"三鲜猴头"（菌类极品，进补有方）。

第七道菜上"清蒸鳜鱼"（鲜嫩爽口，非比寻常）。

第八道菜上"柴把鸭子"（肥而不油，汤清肉香）。

第九道菜上"清汤蛤士蟆"（稀罕之物，原汁原味）。

第十道是甜品，如核桃酪、杏仁茶，随上"麻茸包""酥盒子"两样甜咸点心。

宴毕，客人向主人道乏，互道珍重，散席。

食罢谭家菜，即便是饮宴无数、食遍中华的美食家，也不得不赞叹，谭家菜把传承几千年的中国烹饪推向了极致。何谓"食不厌精"？谭家菜回应了一个具体的答案。它的背后是谭氏两代人一丝不苟的孜孜以求和成功的实践。

新中国成立后，遵照周总理的建议，谭家菜进驻北京饭店，保存了中国烹饪这一扛鼎之作，持续高位迎客。

东兴楼饭庄

早年，北京的高档饭馆有"八大楼"之说，它们是东兴楼、会元楼、万德楼、鸿兴楼、富源楼、庆云楼、安福楼、悦宾楼。其中东兴楼以它的位置极佳、环境高雅、菜肴鲜美和服务到位，居"八大楼"之首。

东兴楼原来在东城东安门大街路北，它的西头是王公大臣上下朝的东华门，东面紧邻着王府井的东安市场，来往皆权贵，挥手掷万金。本来东安门大街就是宫里的太监、朝里的大臣和住在附近大宅门阔佬就近消遣、购物的所在地，东兴楼适其所需，正好提供了一处朝罢小憩、吃点心用餐、议事密谈的所在。

清光绪二十八年（1902），庚子事变后，人心思安。宫里有个管图书的小官，人称"书刘"，他出资两万两白银，一个姓何的出资一万两白银，合股开了这座山东风味的饭庄，取名"东兴楼"。本打算真盖楼，可紧挨着皇宫，周围又都是权贵，不同意，楼就没盖成，空留下"楼"的名声，直到后来才在街对面盖起一千五百平方米的楼房——东兴楼礼堂。街北老店的店址原本是个占地一千平方米、四面出廊子的大四合院，宽敞、高雅、气派、合用。

条件好，不等于买卖好；资金多，也不等于买卖好。成事在人，还要靠明白人去经营调理。东兴楼的东家用对了人，从一开业就礼聘邵英臣、安树塘两位当经理。邵英臣年迈，实际是安树塘掌管东兴楼内外的一切。

那时候，京城的餐饮业是鲁菜当家。鲁菜又分济南、福山两派。东兴楼的店伙都是福山人，烹制出的菜肴讲究清、鲜、爽、嫩、滑，能做到油而不腻，很适合一般人的口味。安树塘首先抓菜肴的特色和质量，一丝不苟、环环相扣。他要求采购人员必须识货懂货，选料正宗，品质要好；贵重的原料如燕窝、鱼翅等，要先取小样给经理看，然后再决定是否进货。他把掌灶的厨师按技术水平分成"头火""二火""三火""四火"四个档次。高档菜必由"头火"当灶主厨，即便是做汤菜的"四火"，也要有十几年的经验。这样做出的

1919年东安门大街上的东兴楼

菜，怎么能不盘盘精彩？

安树塘知道，菜肴的质量还要靠店堂的服务质量来保证。过去"勤行"（饭馆业）留下一句经验之谈，叫"买卖好不好，全靠堂柜厨"。堂是堂倌、跑堂的；柜是账房先生；厨是当灶的大师傅。这三个岗位从前到后、从里到外支撑起饭馆的大楼，哪环脱了节都得掉链子！有一回，顾客要了盘烧茄子，菜上晚了，安树塘一看，颜色"老了"，立刻叫厨房重做，并向顾客道歉。看起来这只是一客低价的家常菜，晚点儿上没什么关系，可安树塘不这么看。一盘菜值不了多少钱，可它的背后是东兴楼的信誉，是顾客吃到嘴里、留到心里的印象。是非公道自在人心，一点儿也不能马虎。

东兴楼的店规挺严。店员上班时间不准擅离岗位，不准会友，不准说笑打闹。该严的地方，要严；该宽的地方，也要宽，这叫"宽严相济"。什么叫"宽"呢？东兴楼的骨干员工都享有人力股的优厚待遇，年底按股分红。一般员工年终也有一份回赠，总有一百五六十两银子的收入。店员高兴地说："吃了东兴楼，娶个媳妇不发愁。"

安树塘以身作则，待人接物十分谨慎。他很注意处理各方面的关系，碰见堂口和厨房的师傅，总是率先打招呼、道辛苦。逢年过节，他不让下边人给他拜年，却亲自到老师傅家登门祝福。在店内他是说话算话的掌柜的，却从不摆架子、搞特殊。出门办私事自付车钱。他总管着东兴楼饭庄、福兴楼饭馆、东兴裕银局三处买卖，责任重大，却只拿东兴楼一份工资。平时吃饭也和店员在一起，从不吃独食，从不叫别人侍候他。东兴楼三处买卖二百多员工，提起安树塘，没有不挑大拇哥的。他服众，众才服他，上下才一体。有这样的掌柜的，带出的员工，错得了吗？买卖能不兴隆吗？

1926年北京《晨报》载文：

东兴楼地居东城，规模极大，且座位整理极清洁，故外人之欲尝中土风味者，率趋之。菜以糟蒸鸭肝、乌鱼蛋、酱制中段、锅贴鱼、芙蓉鸡片、奶子山药泥为著名。而整席之菜虽十数桌，亦不草率，均巨客咸乐用之。

1932年安树塘病逝，儿子安耀东接班当了掌柜的。他虽然在东兴楼当过学徒，可出了师，仗着老子是掌柜的，就游手好闲不学好，全不像他老爹。接班后，他让好多人侍候他一个人：有拉车的、养花的、养鸟的、养鸽子的、养蝈蝈的。他抽大烟，很晚吃饭，让厨房单给他做菜，一不如意就大骂厨师，把菜倒到痰盂里。老员工看不过去，他就指桑骂槐，把老骨干都挤对走，然后把小老婆的俩哥哥安排在东兴楼和福兴楼。被气走的二掌柜吕洪涛和堂头马寿山，1935 年靠老顾客集资在八面槽开创了萃华楼饭庄，接续东兴楼的老传统。一时人人自危的东兴楼员工，纷纷投奔萃华楼，不久东兴楼人去楼空。

"庙还是那座庙，可神不是那个神了。"一座有模有样的东兴楼，被浪荡子安耀东彻底败了家。1944 年 9 月，辉煌四十多年的东兴楼歇业。所幸萃华楼接了班，东兴再起。到今天，人们还能在回味糟香、鱼鲜胶东菜的同时，腾出工夫，细细咂摸东兴楼"成事在人"的真谛吗？

"灶温"二荤铺

老北京的饭馆分三六九等，伺候着三六九等的老北京人。

档次不同的饭馆，取名字也有区别：高级的叫饭庄，普通的叫饭馆儿，低等的叫饭铺，最简易的摆在马路边儿、胡同口的叫饭摊。这似乎解决了"众口难调"的问题了：原来"调"的要害，不在"味儿"，而是兜儿里有没有足够的银子。您想啊，连糊口都成了问题，哪还能顾及调什么"味儿"啊？

同一等级的，内里又有许多讲究。

饭庄，有冷热之分。热饭庄热锅热灶，常年营业，炉灶老是烈焰腾腾，终年不息；冷庄子自然冷，虽然有厅堂，也有家伙什儿，设备一应齐全，但平时不营业，只在有喜庆宴会的时候才约请熟悉的厨师和服务人员赶来忙活，应酬完了各归各处，完全是随叫随到的临时组班式。后来，不少冷庄子也"热"了，但也有彻底冷到无人过问的。

低等的饭铺中，有一种"二荤铺"很有意思。"二荤"怎么讲？有的说是指猪肉、羊肉两种荤腥，也有的说是指猪肉和猪下水（内脏），理由不充分，很难服人。多数人认为，"二荤铺"是指可以自带"来菜儿"来店加工的饭铺。比如顾客自带俩凉窝头，让店里加上葱花、虾皮炒一炒。伙计赔笑，满应满许，接过"来菜儿"，不一会儿把一盘金黄喷香的炒窝头端上桌。结算时，只收您几个加工钱。如此，本店炒菜算一荤，炒"来菜儿"算一荤，合起来，这么个"二荤"。

在京城，二荤铺大行其道，广布街头巷尾，最接近底层百姓；物美价廉，方便顾客，最受民众欢迎。通常二荤铺门面不大，靠门口挤个大酒缸，木板缸盖就抵半拉桌子，一使两用。屋子间量一般不大，摆不了几张桌子，却显得紧凑亲密。没有菜谱，也没有燕窝、鱼翅之类的高档菜，只凭顾客口点"木须（樨）肉""熘肝尖""干炸丸子""素烧茄子""醋熘白菜""炒土豆丝""焦熘饹馇"……伙计一一点头心记，一顿简单实惠、美味可口的饭菜就此齐活。要喝酒，预备的是黄白两种，散装随意，物美价廉。主食有斤饼、斤面、花卷、馒头等。

炒食的大厨

　　说到面条，那是二荤铺的一绝。北京人爱吃面，可口、顺溜、花样儿多。干的有炸酱面、芝麻酱面、炖肉面、扁豆焖面、肉丝炒面，稀溜带汤的有卤面、汤面、烩面……面码的样儿更多，萝卜、黄豆、豆芽、菠菜、白菜、胡萝卜、韭黄、蒜苗、青蒜、糖蒜等，颜色多、味道鲜，佐以拌面，香美至极。二荤铺贴近了寻常百姓，为他们就近安排了吃着顺口、热乎、美味，还便宜的家常饭。

别看二荤铺档次不高，它也照样出名，挂在名人雅士的嘴头上。

20世纪80年代，天津文物收藏家张叔诚先生来到北京，一来是应邀参加文化部在故宫为他和周叔弢先生举办的捐献珍贵文物藏品展，二来是看望他的女儿张茂滢和女婿金友之（溥仪四弟）。一天中午，在交道口康乐餐厅二楼吃镇店名菜"桃花泛（饭）"。他告诉我，当年"康乐"也和"谭家菜"一样，是私家的小餐馆，厅室不

晚清时期的二荤铺

大，只一两桌，但布置得很静雅，要提前预订。主人亲自主厨，菜做得很精致，主客相聚，气氛融洽，完全没有街面饭馆的喧闹，像家一样，京城名贵都喜欢来这样的餐厅。还有"灶温"，他说每次到隆福寺逛庙会，都忘不了去"灶温"吃一碗烂肉面。说到这儿，他停箸拢住了话头，两眼望着窗外，若有所思，有顷，慢慢地说了句："真好啊！"

我一直很惊异张老吃过那么多南北大菜，出入高档酒楼饭庄，何以对一个二荤铺的烂肉面如此恋念呢？

后来，金友之老师跟我讲起了"灶温"的身世。

清嘉庆年间，有个姓温的山西人在东城隆福寺街开了个小杂货铺，本小利微，卖些针头线脑、油盐酱醋什么的，方便邻里，没多大赚儿，但能维持。光绪末年，小杂货铺传到温思洪手上。他寻思开了：隆福寺与护国寺自打明朝以来就是皇家的东、西两座大庙，每月逢一、二、九、十开市，一个月有十二天庙会，北京城的百姓蜂拥而至，看杂耍、买日用品，连玩儿带采购，其乐融融。还有一宗，隆福寺街是京城著名的文化街，古玩店、古书店一家挨一家，就连皇亲国戚、官宦士绅都赶到这儿淘换古玩、古书、小玩意儿，守着这么一条闹市旺街，何不把细水长流的小杂货铺改成人来人往的二荤铺呢？

温思洪想到点儿上了。庙会不是一时半会儿就能逛完的，逛饿了怎么办？有钱的讲究主儿，可以走进街面上的福全馆，吃一顿纯正的鲁菜大餐，要不就去街上的白魁老号品品味儿正、馋人的烧羊肉。要是图省事又便宜呢，那就买半斤烙饼，找个豆汁儿摊坐下，来碗烫心的热豆汁儿，干稀搭配，咸菜白吃，管够。如果又想吃着顺口随心，又花不了几个钱，那就只有去二荤铺了。

温思洪占了隆福寺的"地利"，但他不忘追求"人和"。除了笑脸相迎、服务周到以外，最要紧的是经营的货品做到物美价廉，让顾客货比三家之后，认准"就是这家好"。

温思洪在经营饭菜的品种、质量、分量上下足了功夫。因而，小饭铺一开张，就成了隆福寺街的一景。不少人先是图新鲜，进来尝尝，一碗烂肉面不单量足、肉多、味儿浓、汤汁儿香腻，而且价钱也比市面儿上便宜两成。炒菜也好，预备得齐全，炒得色香味俱佳，比如烧茄子、熘饹馇、摊黄菜、炒蒜苗……做得地道，价钱却不高。有拿来半斤干烙饼请烩烩的，不承想做得的那碗烩饼，油汪汪的香气扑鼻，还漂着几叶嫩绿的青蒜。也有从白魁老号买来半斤鲜羊肉的，小伙计拿进厨房，不一刻，换回一盘满屋子飘香的葱炮羊肉，真是"人叫人千声不语，货叫人点手自来"。一时间，逛隆福寺的人，又多了个"节目"：中午到街里的二荤铺吃饭。小饭铺从早到晚，搭了连桌，哪儿还有时有晌？

温思洪嘱咐伙计，无论多忙多累都不许怠慢顾客，每个进门的客人都是财神爷，就是一个大子儿（一毛钱）的买卖，也要实心实意地做好，让客人满意。许多权贵名门的下人们，赶车的、跟班的、老妈子、使唤丫头，都乐意跟着主子逛东庙，为的是趁主子摆宴的工夫，来这儿吃碗烂肉面。主子听说后，觉着新鲜，也赶过来凑热闹。哪想，这味儿果然比馆子里的味儿强。再看那一屋子笑逐颜开的食客，哪有贫富贵贱之分，在热气腾腾中，笑语声声、其乐融融，心里那个痛快！这使人想到老北京人常说的那句"肉烂在锅里"，或许能破解某些人在名利面前分斤掰两的狭隘心态。

说起"烂肉面"，绝非是把"烂肉"一锅烩，然后随便地浇在一碗煮好的面条上。看似名声不高，价格也很低的一碗面，却讲究精湛的手艺和精细的用料。烂肉面属卤面，高汤打卤，少不了黄花、木耳、香菇、口蘑、玉兰片，材料纯正，一丝不苟，只是这些作料比较零碎，不似正宗肉片打卤面那么整齐好看。用的肉是炖烂了的拆骨肉，较比肉片、肉丝香味儿更足。面条是现吃现抻，一锅顶着一锅煮，不混汤，不坨面，面条一根是一根，利利爽爽。烂肉面的神来之笔是那一碟儿烂蒜，猛烈的蒜香掺进浓厚的肉卤香，再加点儿山西老陈醋，那浓香的味儿刺激得胃口顿时大开，恨不得风卷残云，一口吞进。因而烂肉面成了小饭铺的当家菜。

食客们进进出出，却谁都没注意这个二荤铺没挂牌匾，也没起个字号。

有人想起，天寒地冻的三九天，小饭铺门前那个煮面条的大土炉子周围总是围着一群披着报纸、水泥袋的叫花子。一问才知道，落灯晚的时候，温思洪不让伙计把炉火封得太死，留下余火，给无家露宿的人围炉取暖。于是有所悟：掌柜的姓温，待客如春，余火暖人，小饭铺的字号有了，就叫"灶温"吧！

于是，街面上流行起一首民谣：

隆福寺街说灶温，烂面白细卤汁醇；
后堂以内刀勺响，食客都是一般人。

表戴亨得利

明清时代，西洋的自鸣钟作为贡品进了紫禁城，渐次王公大臣权贵豪绅揣起了各色各样精美的怀表，有的八音和鸣，打点打刻，有的珐琅镶花，镀金嵌银。无形中怀表不仅修正了人们头脑中陈旧的计时观念，和看着"老阳儿"（指太阳）过日子的生活习惯，而且增添了一个物欲追求的新亮点。相当长一段时间内，中国人把有没有钟表看作衡量地位高低、生活贫富的一个新标准。

说起洋表，北京人自然就说起"亨得利"，那是京城卖洋表的大买卖。光瞧那名字"亨得利"，就能猜出那是洋人开的买卖。其实"亨得利"这名字似洋非洋，是地地道道的中国买卖，老板是浙江定海人，叫王光祖。

王光祖是裁缝，在家乡开个小成衣铺，给人家裁裁剪剪做衣

民国时期亨得利钟表行广告

服。地方小、买卖小，没多大出息，王光祖想入非非，顺水游江漂到了花花世界的大上海，为一家洋行做衣服。洋行卖洋货，王光祖的眼界大开。瑞士"大罗马"手表要做广告，让王光祖找块白布，中间剪个圆洞，脑袋一钻，前后身印上"大罗马"表的图形，走街串巷，招摇过市，活脱一个人形"大罗马"。行人驻足，非要近前看个究竟，问个明

王府井大街亨得利表店

白。洋行很满意，许诺给他广告跑腿费。事后他想，与其替人跑广告拿小钱，还不如自己直接从洋行批发钟表做代理挣钱多，而且还能熟悉扩大市场的销路。

1915年，王光祖与应美康、庄涵皋三人合资，在他老家镇江开办了亨得利钟表店。民国初建，人们追求时新，有钱人以戴表为荣，以送表为时尚，因而亨得利初战告捷，生意不错。王光祖不满足，他认为镇江虽是个繁华的水陆码头，但终究比不过大上海，客户有限，信息不畅。于是，1919年他又在上海广东路开办了上海亨得利钟表店，而且顺应时兴，增添了眼镜业务。为了增厚资本扩展业务，他又仿照外国洋行，吸纳股东，把商店改成亨得利钟表眼镜股份有限公司。随着业务的发展，从1923年至1948年，亨得利先后在天津、重庆、北京、南京、广州、杭州等几十个大、中城市开设了六十多家分店，统一由上海总店发货，王光祖任总经理。

买卖兴旺了，免不了惹来嫉恨。有个法国人在上海开了个卖洋货的"亨达利"，见亨得利顾客盈门，非说亨得利盗用了他们的洋字号，告到上海法院。多亏有良知不媚外的法官主持公道，维护了亨得利的合法权益，让那个洋人碰了一鼻子灰。

从占领沿海码头到辐射内陆枢纽重镇，是王光祖心中的一盘棋。古都北京是全国的政治、经济、文化中心，前门外是京城的第一繁华所在，因此，他把北京的第一家亨得利分店设在大栅栏西口的观音寺路北，派遣他的大儿子坐店管理，相继他又在王府井路东、东安市场南边和西单北大街路西开设了三家分店，可见王光祖对北京亨得利的重视。其中，观音寺店是北京总店，王府井店的业绩最好。

王光祖的智慧，来自他不苟安，眼睛向外看的开放思想。他仿学洋行的管理和经营谋略，看准市场需求、把握扩展时机，更严格地确保进货、选款、展销、服务、维修和拓展业务全过程的质量检验，讲究国外名表的高档次和新款式，始终把一般消费提升到豪华时尚的追求上，迎合了部分高消费者的需求，保证了商店的持续营销成功。王光祖把企业的"得利"定位在"亨"字上。应了通则畅，通畅则顺利的意思。中国人爱讲"万事亨通"，要通顺就要讲谋略、讲秩序、讲拓展、讲市场占位和形象推出。

走进亨得利，窗明几净、富丽堂皇，晶莹的橱柜里陈放着一枚枚新款手表，木楼座钟叮咚鸣响，店员西装革履，彬彬有礼。后台的精修钟表手艺超群，往往使难修的手表起死回生。货全而新、技高而精、业熟而勤，是亨得利成为全国钟表业魁首的三大法宝。

北京饭店

1900 年冬天，法国人傍扎（Banza）和白来地（Peiladi）在崇文门大街苏州胡同以南路东开了个洋酒馆，三间门面的铺房，接待驻扎在附近兵营的洋大兵和交民巷里的各色洋人。供应简单，就是一两毛钱一杯的葡萄酒和煎鸡蛋、煎猪排什么的，可买卖格外好，供

1917 年扩建后的北京饭店

不应求。不久，白来地退股到长辛店铁路总站开酒馆去了，这边来了个意大利人入股，叫贝郎特（Beurande）。1901 年，俩人扩大营业把酒店搬到东单牌楼原菜市场西侧路北的一个两进院落，正式挂上"北京饭店"的牌子。前院是三合房：东厢房是酒柜，西厢房为客厅，北房是大餐厅；后院有 20 多间客房，布置得中不中西不西。那时候没电灯，点的是煤油灯，比油灯捻儿、洋蜡强多了，也算是很时髦的了。

钱挣得容易挣得多，两个洋老板闹起矛盾，原创的法国人傍扎撒股也去了长辛店。留下的贝郎特又找了个意大利人卢苏（Rosso）合伙干。后来贝郎特去世，北京饭店就成了卢苏一个人的买卖了。

1901 年 9 月 7 日，清政府与侵略者签订了《辛丑条约》，于是海外各式各样的淘金者蜂拥而至，北京饭店的买卖好得不得了。1903 年，饭店迁到王府井南口、京汉铁路局以西的一座红砖楼内，共有 48 间客房，比原来翻了一番。1907 年，卢苏把北京饭店卖给中法实业银行，改为有限公司，法国董事长叫罗北（Rapbille），法国经理叫麦义（Maille），饭店管理走上了正轨。

1917 年，饭店向西扩展盖了 7 层大楼，一层大厅有舞厅、西餐厅、理发室、厨房等；二至六层是客房，共 105 间，加上以前的 48 间，共 153 间客房；第七层是大宴会厅、酒吧间。当时单人单间每天租金 15 元，双人间 22 元，带客厅的 35 元包一日三餐，按月包租的有 250 元、300 元、450 元，价格不等。饭店的设备也有了很大改进：有了电灯，是用东交民巷德国电灯房发的电；安装了电话机中继线；装了暖气管和锅炉，还有 24 马力的

20世纪70年代建的北京饭店新楼

电动机。电梯直达屋顶花园，上面有跳舞场、花厅、餐厅，周末舞会能容千余人。饭店还自购了两辆可以乘坐20多人的大轿车接送旅客。饭店有自己的搬运工，穿饭店统一的服装，那一整套软硬件服务设施堪与当时欧美的大酒店媲美。在北京，这可不得了，它是怪物，是"新鲜罕儿"，招惹得过路人惊奇、不解、骂大街！

　　反正不管你乐意不乐意，北京饭店那一溜儿水红的大楼房，就摆在天安门东边，它比天桥大金牙拉的"西洋景"亮堂多了。胆儿大的人，远远地站在饭店门口瞄看奇装异服的老爷、少爷和花枝

北京饭店夜景

招展的太太、小姐，瞧热闹、看稀奇。他们发现这一干人等常常溜达的地方，是顺着路西把口的印度力古洋行，拐弯往北的王府井大街……

那时候的王府井大街是条土路，两侧的商店大多是平房，但收拾得干净整齐，摆着本店的商品。街东有两家煤铺，西边还有一家，煤尘飞扬，与别的店铺很不相称，后来搬走了。街上还有几家切面铺、羊肉床子、黑白铁铺，都是当时北京人过日子离不开的，后来也都搬走了。

那时，大街上有五六个路灯，灯杆是用六尺多高三寸见方的木头做的，顶头装着个圆形的木托儿，上面有个像小亭子似的木灯框，四面镶着玻璃。每天落黑，有专职工人扛个小木梯，手提油瓶和擦灯布，沿路添油、点灯、擦灯罩；第二天一早，再扛着梯子挨个灭灯。街上的商号门前有点纱灯的，有挂壁灯的，各式各样，要是哪家点一盏明晃晃的汽灯，就能照亮半条街。当时街上有几家洋行和古玩铺，很吸引外国人。

1905 年，王府井的土路修成石砟路。1917 年，拓宽大路。1935年，全面翻修成柏油路，两边便道铺上了水泥砖，这是北京最早修成的柏油路。

1949 年，北京市军管会接管了北京饭店。1954 年，北京饭店在西侧盖起了八层新楼，1973 年又迁走了东侧的北京铁路局，盖起了二十层（地下三层）大楼。1986 年，北京饭店与香港的霍英东先生在西楼西侧合资建造了贵宾楼。

北京饭店的故事，三天三夜说不完，那里面装着中国的百年历史。

今天的王府井流光溢彩、老字号云集；新建的东方广场气派大、布局新、设施先进，远远超过了当年的东安市场，堪与现代国际大都市的大商场媲美。而类似的现代化大商场，在京城内外都可寻见。这回，国人司空见惯的事，轮到洋人惊奇了。八百余年的古都北京闹市，早已跳出了"东四西单鼓楼前"的局限，遍地开花了。新街亮丽现代，旧街风韵依然，就连街头逝去的牌楼，也比着赛地"还阳"了。其实，与国际接轨的最好办法是，既吻合国际间通行的规则，又不失掉自我，珍存丰厚的历史文化底蕴和民族的自尊、自信。

崇文门大街、东四大街、北新桥

　　崇文门，元代叫"文明门"，又叫"哈德门""哈达门""海岱门"，明正统四年（1439）改今名。

　　崇文门、正阳门、宣武门一溜儿排开，门见门三里，一共六里，距离近，虽职守不同，却离不开大前门的影响，息息相关，俗称"前三门"。正阳是国门，崇文是税门，宣武是杀门。话虽如此，三座门的内外大街，由于处在人烟稠密的中心区，交通便利，往来方便，自自然然地形成了繁华的商街。

崇文门外大街

　　明建北京时，截断了通惠河，南北大运河的粮船不能抵达积水潭，只能在东便门外的大通桥靠岸。这样，京城需要的大量货物，就要从离大通桥最近的崇文门通关。明清时，朝廷在这里设立了九门总税务司，崇文门外大街成了一条人如织、车如流的繁忙大街。

货流其畅，街两侧及附近的胡同很快被商店、货栈抢占，且行业集中，形成药市、酒市、茶市、五金铜铁市，以及瓜市、蒜市、棉线市等小市场规模。商店面向顾客零售，繁荣市井；货栈面向业者贮存、批发、接待暂住，提供方便，如同中转站。

例如，药市。崇外大街有著名的老药铺万全堂、千芝堂和东庆仁堂，还有天汇、天成、隆盛、益成等二十多家药栈分布在这个地区的街巷中，控制着京城中药材的行情。

开业于康乾时期的万全堂，原是来自宁波的乐姓游方郎中开办的一家药铺。清初，乐家后人乐尊育进了太医院，得了个出纳文书吏目的小官，由是家业发达。清康熙八年（1669），他的儿子乐梧岗在朋友的帮助下，选址前门外大栅栏中间路南开设了同仁堂乐家老铺。清嘉庆十年（1805）十一月，乐家后人乐云书等为救急，将开在崇外的万全堂卖给姜姓山西临汾人，只保同仁堂一店。

大栅栏张一元文记茶庄的老板张文卿，年少来京学徒时，也是在崇外荣泰茶庄学的徒，学成后自己在路边摆茶摊，后来开了自己最早的茶庄——张玉元茶庄，在花市街上很有名气，为他转移大栅栏攒足了底气。

说崇外大街繁华，少不了花市大街的烘托与帮衬。花市，东西向，西起崇外大街，经羊市口，东南抵白桥大街。由于街太长，现分为西花市大街和东花市大街。

崇文门大街旧照

北京的街巷都是有来由、有故事的。

明永乐四年（1406），朱棣建造北京城，命朝臣去四川原始森林采伐成材大木。一天晚上，这些寻丈（泛指八尺到一丈之间的长度）的大木"自出谷中、抵江上，声如雷，不偃一草"。大木自个儿出川，直奔京城，朱棣闻报大喜，封为"神木"，并在文明门外辟厂供奉，地名"神木厂街"。乾隆年间，神木迁至广渠门外，原街改名"花儿市街"。

北京人爱花儿，爱鲜花，也爱一双巧手做的纸花、绒花、绢花……喜庆年节妇女头上少不了佩戴各种精致的花枝，春意盎然。于是，花儿市街就住进了做花儿的工匠，他们大多是家庭作坊，一家一户自产自销。每逢初四、十四、廿四就拿到街上的火神庙庙会去卖。一花带动"百花"开。各行各业都找准各自的切入点，为花儿市街添彩。其中有一点是公认的：满足南城一般平民的需求，物美价廉。

鸿业茶庄和启元茶庄的小包茶芳香味永，价廉好带；德寿堂的牛黄解毒丸用料真、配伍好、制作精、药效高；沙窝门的焦排叉儿，香遍城乡；裕顺斋的饽饽好吃不贵；协成生布店的货全价低、服务热情……

当年花市大街是一条很难得的大众买卖街。

东四大街

东四大街全名是"东四牌楼大街"，既是一条以"四牌楼"为轴心，向东西南北四面放射的四条大街，又是一个地区，涉及崇内、东单（牌楼）、隆福寺三条街市。从元代起，这里就是一处顶繁华的商业街区，留下北京人"东四西单鼓楼前"的口誉。

明建北京，延续元大都旧例，在皇城东西大道通衢，建不同规格的牌楼，既是装点美化，又是指示方向。东西长安街上建了四座单牌楼，朝阳门内以西和阜成门内以东的十字交叉路口，各建了一组四向单牌楼（四牌楼）。

腰缠"四大恒"

东四牌楼占据京城特有的交通地利。

正南是财源滚滚的"税门"崇文门，东南是科考举子必到的贡院，正东是有"粮门"之称的朝阳门，再往北就是有"木门"之称的东直门。东四以西既有皇刹隆福寺，又邻紫禁城。加之它东北排列的一至十二条老胡同是元大都遗存，住户多是显赫人家，如此富贵之地，自然是金光闪闪的聚财之地。

早年，人们交易的硬通货是金银。那时，一般人家谁没有几件金银物件，一般妇女哪有没金银首饰的？这就使国内黄金的交易分为两路，一路是为保值和增值，到金店买金存储或交易；一路是为打扮炫富，到金店打首饰买金银器皿，装点生活。比如，青年人订婚结婚的戒指；小孩出生、满月、周岁的长命锁；年节回乡，到金店把十个黄豆大的小金锞子熔铸成一根足赤金条，拿回去多体面。其实，金店出售金银首饰器皿，收买荒金沙金，只不过是应付门面的一小部分，真要是打算购买首饰的人也是去首饰楼，而不是去金店。

那么金店何为呢？

金店是大买卖，主要经手金银的收储周转。在清光绪三十一年（1905）户部银行成立以前，金店发行"银票"，一张定额银票既解决了携带银两沉坠不便的困难，又保证了银两流通的安全。这就要求金店的信誉要高，靠山要稳，银票要保值。清末北京市面流传"头戴马聚源，身披瑞蚨祥，脚蹬内联陞，腰缠四大恒"，这是一句实打实经过验证的民间谚语。前三句意思明白，唯有最后"四大恒"令今人一头雾水。其实这"四大恒"讲的就是四家金店（钱庄）发行的银票最保险、信誉可靠，缠在腰里轻便放心。

举个例子说明。清咸丰三年（1853），太平天国北伐军攻入直隶，北京城人心惶惶，持有银票的人都想赶紧兑换成现银，揣在身上最保险，一时蜂拥挤兑，造成二百多家钱铺倒闭。只一瞬间，不少人手中拿银子换来的银票，就变成一张废纸，一生资财化为乌有。而"四大恒"却没有受到影响，银票照样一对一的保值。再一宗，1939年天津发大水，损失惨重，市民生活受到严重影响。天津恒利金店（北京恒利的分店）租赁船只沿途发放粮米、食品，赈济水灾，博得良好的声誉和信任。

据《道咸以来朝野杂记》载："当时京师钱庄首称四恒号，始于乾嘉之际，皆浙东商人，宁、绍人居多，集股开设者，资本雄厚，市面繁荣萧索与有关系。"又记"凡官宦往来存款及九城富户显宦放款多倚为泰山之靠"。

"四大恒"的创业者姓董，是浙江慈溪人。乾隆年间董氏在东四牌楼底下摆钱摊，现场兑换银两铜钱。东四牌楼往来客商如过江之鲫，银钱兑换频繁且迫切。董氏钱摊恰当其位，加之诚信可靠，经营得法，赢得广大客商信任，资金日益丰厚，遂在东四牌楼周围逐步开设了四家钱庄，全以"恒"字开头，分别是"恒利""恒和""恒兴""恒源"。

恒利号是主店，开在东四牌楼东大街，恒和号开在东四牌楼北路西，恒兴号开在东四牌楼稍北的隆福寺街东口，恒源号位于东四牌楼东路北。董氏家族干脆在东四牌楼三条安家落户，建造了以32号院为中心，连通31号、33号院横向复合型的四合院群落。

四家店连锁，经营的业务各有侧重。恒和号专管各大官宦富户的金银存放业务；恒利、恒源专放典当行的商款，进项颇大。恒利号还在天津估衣街开设首饰局，后来改称"恒利金店"，在天津经营的时间长、影响大。恒兴号的主要业务是服务于各大商号。"四大恒"发行的"银票"信誉最高，在市场上广泛流通，极大地便利了消费，繁荣了市场。到了光绪初年，"四大恒"发展到了顶峰，遂赢得"腰缠四大恒"的信誉。

揭秘"四大恒"的成功要领，全写在明晃晃的字号牌匾上：利、和、兴、源。"利"源于"和"，"和"源于诚信，"兴"盛"源"于"和"与"利"；和不是一时之和，利不是一地之利，而是眼界宽阔放眼未来，使利源源而至，"源远流长"。持之以恒，"恒"乃长久，不可有半点懈怠，真正做到艰苦创业，诚信兴业，进取继业，使"四大恒"永恒于市。"四大恒"的银票安全可靠，深得人心。

夏仁虎在《旧京琐记》中记载了一件趣事，足见"四恒票"的光彩：

银号首推恒和、恒利等四家，谓之四大恒，居人行使银票以此为体面。昔与某旗下友人约赴城外观剧，此友已更衣入内，久之，俄闻诟詈声，出则嗫嚅曰："甚抱歉，需稍候也。"询其故，乃愤然曰："帐房可恶，竟以烟蜡铺之票与我（彼时烟蜡铺亦兼兑换，并发行银钱票），故痛责之，已往易矣。"余曰："误佳剧奈何？"友则曰："此无奈何，余岂可以此示人？"久之，仆返，则崭新之四恒票，始欢欣而出。当时某枢臣好积四恒票，百金一纸，万金为一束，叠置平正，朱印鲜明，时于灯下取出玩弄以为娱乐。已而不戒于火，屋中成束之四恒票并付祝融，四恒家乃大获利市。

大市街

东四每个路口都建有一座四柱三楼的描金木结构牌楼。南北牌楼上书"大市街"，东侧牌楼上书"履仁"，西侧牌楼上书"行义"，1954 年以有碍交通为由拆除。东四地名依旧，繁华依旧。

除了"四大恒"，在这条繁荣的南北干道上还有东、西聚庆斋饽饽铺两处，另一处南聚庆斋开在大栅栏，与瑞芳斋、正明斋齐名，

1940 年的北京东四牌楼旧影

为京城最好的三家饽饽铺。当年北京人年节、婚嫁、老人寿诞和小孩满月，都要预备相应的糕点饽饽，种类繁多，制作精美。

便宜坊鸡鸭铺原来开在宣外米市胡同，后迁到隆福寺东口路北。以焖炉烤鸭见长，兼卖清酱肉。顾客可以在店里买卖活鸡鸭，就地宰杀、去毛开膛，也可以把烤鸭送到家。店内有烤鸭、全鸭席，也有肉类炒菜，方便顾客，应有尽有。此外，街面还有森春阳海味店、晋阳干果店，东天义、东天源两家酱园，宏仁堂、北庆仁堂中药铺。

十字街路口以南，有爆肚满、恒和庆、鸿源长、东升祥绸布店和建于明正统年间的清真寺，此外还有泰华轩、景泰两处演出杂耍的小戏园子。

隆福寺街

东四西大街，原来叫"马市大街"，因为宫里淘汰的马匹会拉到这儿卖。后来改叫"猪市大街"，自然是马没了，改卖猪了。但最出名的是街北的隆福寺。

隆福寺虽是明清两朝的皇家香火院，但庙门不是只冲着皇亲国戚开的，黎民百姓也可以自由出入，只是要从山门的两个侧门进入宏大的殿堂，礼拜心中的佛祖和众神。乾隆以后，隆福寺作为传承格鲁派的寺院，母寺是雍和宫，它是雍和宫的下院，这里隐示着雍正与乾隆的父子关系，地位崇高。因此每逢重大的宗教节日，如正月初七前后的跳神节、四月初八的释迦牟尼诞辰日和十月廿六日的宗喀巴大师诞生日，寺庙都要举办隆重的大法会，彰显佛教"佛、法、僧"三宝文化。是日，香火炽燃，烟云缭绕，冠盖如云，信众踊跃。由此，佛缘人情带动了市井商情。一时，庙门外、街道旁支棚摆摊，售卖祭祀用品乃至吃食日杂等，不一而足。此刻，庙外比庙里还热闹。而寺庙神路街南口，本来就是马市（后为猪市），由此庙会向庙市转身，可谓水到渠成。

细一想，北京的庙会由纯宗教聚会转向融购物娱乐于一身的集市，很合情理。这是顺应城市手工业发展、沟通城乡交流、弥补市面商点不足、满足民生需求的结果。恰是人们熟悉的寺庙，为交流提供了理想的场地。而地处四面八方的寺庙和有意错开的庙会时间，也方便了京城散居各处的市民，可以随时随地采购日用品和欢愉自乐，逛庙时烧香拜佛反倒成了捎带手的事。

隆福寺庙市兴起于明末清初。明朝时，北京最红火的庙市是都城隍庙庙会（今西城区金融街）。清初，广安门内的报国寺庙会拔得头筹。到了清朝康熙、乾隆年间，北京庙会四面开花，四处兴盛。《日下旧闻考》评定：隆福寺"每月之九、十日有庙市，百货骈阗，为诸市之冠"。清朝人潘荣陛在《帝京岁时纪胜》里介绍说："至于都门庙市，朔望则东岳庙、北药王庙（鼓楼大街北西绦胡同，今无），逢三则宣武门外之都土地庙（今宣武医院），逢四则崇文门外之花市，七、八则西城之大隆善护国寺，九、十则东城之大隆福寺，俱陈设甚夥。人生日用所需，以及金珠宝石、布匹绸缎、皮张冠带、估衣（旧衣服、布料等）古董，精粗毕备。"《京华春梦录》载："都门庙集有期，每旬三为土地庙，四为花儿市，五、六为白塔寺，七、八为护国寺，九、十为隆福寺。"后来，一、二也被隆福寺补上，一旬十

20 世纪前期的隆福寺庙市

天，天天有庙会。

清末民初，隆福寺逐渐失去了朝廷和官宦的资助，僧众就靠外应白事（为丧家诵经出殡）收取的费用维持度日。当年，办白事能请到隆福寺的喇嘛出场是很有面子的。清光绪二十七年（1901），一个喇嘛在韦驮殿值更，睡伏香案扑倒油灯点燃幔帐，引发大火，把韦驮殿、钟鼓楼、大雄宝殿都付之一炬。如此毁坏，哪有财力修复？恰巧此时庙市兴起，山门后腾出大块儿空地，正好摆摊搭棚，庙里按摊收租，进项也不小，这成了维持庙宇僧众生活的主要收入来源之一。

与隆福寺齐名的护国寺，也是皇家寺院，因为分处京城东、西，故简称为"东庙""西庙"。清朝得硕亭《草珠一串》诗曰：

东西两庙货真全，一日能销百万钱。

多少贵人闲至此，衣香犹带御炉烟。

1922年，全北京的庙会由农历改为公历；1929年，隆福寺庙会由每旬两天改为四天，即公历每旬的1日、2日、9日、10日。这样，每月由五天增加到十二天或十三天（遇有31日也开庙会）。这就形成了京城每天都有庙会的局面，商家赶着摆摊挣钱，市民赶着游逛找乐儿，两全其美，老北京人称之为"赶庙会"。

每逢隆福寺庙会开市，逛庙会的人从四面八方拥来，其中有住在东城深宅大院的贵族富商、东交民巷使馆区的洋人，也有住在北城小胡同里的贫苦市民和近郊的农民。人们既可以在庙会买到经济实惠的日用品，吃到可口廉价的北京小吃，还可以观看地方小戏、什样杂耍。不用买门票，更不用花多少钱，就可以各取所需，如愿以偿，快快活活玩一天。

当年隆福寺庙会的规模甲于京城所有的庙会。除了庙内的三条摊路外，庙门前的东西短街和神路街两侧，以及神路街南口外的马市东大街，都是货摊。神路街南口的路西是鸟市，密匝匝摊摊相连，有卖鸣禽的，有卖鸽子、鸡鸭的，也有卖老鹰的，只要是带翅膀的，这里应有尽有。清人竹枝词唱道："细自鹡鸰大至鹤，买来除却凤凰无。"

　　神路街南北向，不长。两侧有几处猪肉杠，其间有个雕漆盒子铺，还有一个较为宽敞的"鸟儿屋"。屋前高搭木架，挂着八哥、鹩哥、黄雀、红子、鹦鹉等鸣禽，叽叽喳喳学说人话。此外还有珍珠鸟、沉香鸟、相思鸟、芙蓉鸟等。地上散放着孔雀、锦鸡、乌鸡、翻毛鸡等。有趣的是这里还可偶见大宅门预订的老虎、猿猴等动物。

在隆福寺庙会卖鸟的小贩

神路街南口路东则是一家家杂货摊。早年杂货不同一般，摊儿上有逊清各个品级的袍褂、朝珠、补子、顶戴、花翎以及扇套、鼻烟壶、扳指、折碗、手炉一类的玩物，住北京饭店的洋人好奇，天天往这儿跑，淘走了不少"宝贝"，回国变卖，赚了不少钱。

隆福寺山门外地界宽敞，堆积如山的货色有簸箕、笸箩、竹筐、柳条筐、鸡毛掸子、搓板笼屉、炒勺铁锅等用具，俗称"山货摊"。山门里井然有序地排列三条货街。中路顺着各层佛殿的遗址是五花八门的卖艺场子，从天桥赶来的有"云里飞滑稽二黄""宝三的掼跤中幡""栗庆茂的地摊儿京戏""狗男女的全家乐""天下第一笛儿张""关德俊夫妇的赛活驴""王杰魁的评书""高德明的相声""关顺鹏的竹板书""王宝霞的河南坠子""大金牙的拉洋片""毛老道的西湖景""蛤蟆双簧""莲花落""杂技魔术"等，惹得游人顾此失彼，乐不思归。卖艺场子中间夹杂着各种小吃摊，有灌肠、扒糕、凉粉、茶汤、油茶、馄饨、豆汁儿、老豆腐、豆腐脑等。其中最叫座的是本庙喇嘛郄德拉熬制的豆汁儿，他的豆汁儿甜酸适口、味道浓郁，咸菜丝鲜美，焦圈儿香脆，芝麻酱烧饼香味十足，无摊能比。甭管什么人，逛隆福寺庙会必来这儿喝碗喇嘛熬的热豆汁儿，既解渴又解饿。中路的最后一层是卖烟画儿（又叫洋画儿）、泥饽饽模子、算卦、看相等杂七杂八的摊儿。出后门是钱粮胡同，也挺热闹，有卖吃食的，还有擂砖叫街的专业乞丐，整日价闹闹哄哄。

走进隆福寺西侧门，西路打头的是一个干净漂亮的年糕摊子，白棚子、木头案子透着干净利落。随着季节变换，不同品种的年糕闪亮登场：春天是玫瑰蜜卤汁浇蘸的小枣年糕、豆面糕；夏天是冰镇的江

隆福寺市场一隅

米凉糕、小枣粽子；秋天是栗子糕；冬天是热气腾腾的豆儿糕。比邻是个卖龙睛鱼的金鱼厂子，往北走有几个古玩摊，摊上摆着珍珠、玛瑙、翡翠、珊瑚、宝石、陶瓷、古铜、雕漆、珐琅等，说是"古玩"，几乎都是赝品，上当的总是想发财的。接着是卖小金鱼儿的、卖鸡毛毽儿的、卖胡琴码子的、卖"棉花猫"（用薄薄的棉花铺成猫形，理毛着色）的、卖内画鼻烟壶的、卖戏曲唱词的"百本张"……

庙内东路是条光彩熠熠的艺术街，集中展示了北京工艺美术的几朵奇葩，比如鲜亮的铜盘鬃人、逼真的砖雕小玩物、精美的面人汤、苍劲的杖头木偶、空灵的驴皮影人形等。北京人喜爱京剧，艺人用超人的才智，采用不同材质塑造出栩栩如生的舞台角色，与戏迷朝夕相伴，或置之案头，或支台表演，延续了舞台，焕发了趣味，丰富了北京人的生活。

山门后广场售卖的还有日用百货、衣服鞋帽、估衣、布匹、儿童玩具，其中有王麻子的刀剪、金象张的梳子篦子、钢刀刘的茶果刀、三合局的假发结等名牌产品。

庙的四周尤其是前后门，临时摊贩和流动商贩来庙会赶档子的甚多，主要是卖吃食和儿童玩具，如豌豆黄、驴打滚儿（豆面糕）、吹糖人儿、画糖彩、纸制小花篮、泥头纸身能自由伸缩的小长虫等。五月节、八月节、春节期间，庙会相应添加应时当令的吃食和玩具，如粽子、月饼、年糕，以及五毒串儿、兔儿爷、风车、大糖葫芦、空竹、噗哧噔儿等。

隆福寺庙会火了，庙里火，庙外也火，全是地摊、游商，人挤人，人挨人，景象十分火爆。以隆福寺庙门为中心点，渐渐向东、向西"长"出一条街道，建起两排店铺，既有特色，又有品位，升华出隆福寺庙会常驻的经营理念，稳住了市场，留住了人气，这就是当年兴旺、如今冷清的隆福寺街。

　　早先，隆福寺街东段是花儿和书的世界，路旁摆满了丰台花农的花车、花担，售卖各种时令鲜花，其间还夹杂着几个猫狗贩子，

山门前的隆福寺街

售卖波斯猫、哈巴狗。路旁店铺主要是花厂子和古书铺。花厂子专为京城大商号、大宅门预备大型花木，如石榴、海棠、芭蕉、香橼、碧桃、桂花、荷花、牡丹、蜡梅等，按季节上市。

隆福寺街古书铺的规模大且档次高，堪比城南琉璃厂。清末，进京赶考的举子在贡院应试，散居东城，时常来这里淘换书，据《道咸以来朝野杂记》载："隆福寺街当年只有书肆三处：同立堂、天绘阁、宝书堂。"后来同立堂、天绘阁两家经营不善，转手他人，改名"三槐堂"和"聚珍堂"。清光绪二十四年（1898），"百日维新"的成果京师大学堂在景山东侧成立，1912 年更名"北京大学"，迁到新建的沙滩红楼。沙滩与隆福寺近在咫尺，抬腿就到。当年胡适在北大当教授的时候，曾经对学生们说："这儿距隆福寺很近，你们应该常去跑跑。那里书店的掌柜的不见得比大学生懂得少。"师生们频顾庙会，又一次激活了东街的古书业，商家纷纷赶来据地开店，渐而毗邻成街。

隆福寺街的古书铺，颇受专家学者和一般读书人的青睐。街不长，书铺多达三十多家，如三槐堂、三友堂、文渊阁、修绠堂、修文堂、学古堂、同立堂、聚珍堂、东雅堂、文粹斋、文奎堂、带经堂、镜古堂、东来阁、文殿阁、文通阁、宝绘斋、粹雅堂、宝文书局等等。这些古书铺除收购出售经史子集等珍本、善本、孤本古籍外，有的书铺如三槐堂、聚珍堂还雇用能工巧匠雕版印刷《书经》《万历武功录》等古籍。这些书铺自有经销特色，把握不同的收售古籍门路和顾客，服务周到，彼此熟悉，能为顾客及时提供有关书讯，协助其研究工作。

隆福寺西街较比清静，有个歇脚的大茶馆和一个擅长制作鸟笼的鸟屋子。游客步入西街，节奏明显地慢了下来，或找个对路的饭馆就餐，或就近到茶馆、茶摊落座饮茶，平息逛庙会的兴奋和劳累。

走出隆福寺街西口，就会看到口外路西有个永盛杠房（今中国美术馆处）。它赫赫有名，是京城承应白事的顶级大杠房。中国人有老礼儿，北京人好面子，死了也要风光。杠房就是死人出大殡时，安排抬棺材和打执事的。讲究的棺材，棺外有椁，覆之以金顶锦绣棺罩，抬杠的人安排为四的倍数，"杠"越多越尊贵，不同身份的人，配备不同的杠数。1908 年光绪帝驾崩，永盛出了一百二十八人的皇杠，浩浩荡荡绵延数里，轰动中外。1939 年，吴佩孚被日本人害死，永盛出了六十四抬大杠，沿街群众围了个里三层外三层，送别这位有气节的北洋将军，沿街商号纷纷摆出祭桌，表达对吴佩孚的敬重。这场祭礼，虽比不上光绪的皇杠排场，但群情激昂，彰显了京城百姓同仇敌忾的决心，为北京史留下一帧宝贵的画面。

再说吃。逛隆福寺庙会的人分三六九等，街上的饭馆也分三六九等。其中最高档、最讲究的大饭馆是山东人开的福全馆，有七八十间房子、几进大院子，还有戏台，三四百人看戏不成问题。京城达官贵人时常在这里举办喜庆宴会，地点好、设备全、够体面。抗日战争时期，福全馆垮了，再无后来者。

还有一家白魁老号，是个清真饭馆，创始人叫白魁，开业于乾隆末年，传承至今。原来白魁老号是个羊肉床子，主要卖生牛羊肉，后来兼做烧羊肉、酱牛肉、芝麻酱烧饼一类清真熟食，很受欢迎。他家的烧羊肉肥而不腻、瘦而不柴，味道香郁。每到夏季，烧羊肉

白魁老号饭庄

最畅销。每天下午三四点钟，人们就端着大碗、提着小锅来到白魁老号，少买肉多要汤，拿回家浇在过水的冷面上，拌上黄瓜丝、烂蒜，热汤凉面，味美无比，既解暑又开胃，是京城老少爷们儿盛夏舌尖儿上的一美！人们说，户部街有个月盛斋酱羊肉，隆福寺有个白魁老号烧羊肉，是京城二鲜！

探寻隆福寺庙会之所以成为京城之冠，公认是它的地理位置优越，交通便利。

隆福寺毗邻紫禁城，地处京城核心区，东近朝阳门，南距崇文门也不远，守着京城的粮门和税门，是商贸繁盛的地区，终年往来客商不断。因而庙会经营的商品，除了满足一般平民居家过日子所必需的日杂吃食等用品外，官宦士绅所钟情的文玩、古董、书帖、字画、珠宝、玉器等也占很大比例。此外，北京人不论穷富都喜欢花儿，院子屋里总有花枝点缀，所以北京的绢花也很有名。花厂从郊区花儿洞子把培植的时令花木运到庙会，设点展示、售卖，花团锦簇是北京庙会的一个特点。

清朝《燕京岁时记》记载：

西庙曰护国寺，在皇城西北定府大街正西。东庙曰隆福寺，在东四牌楼西马市正北。自正月起，每逢七、八日开西庙，九、十日开东庙。开庙之日，百货云集，凡珠玉、绫罗、衣服、饮食、古玩、字画、花鸟、虫鱼以及寻常日用之物，星卜、杂技之流，无所不有。乃都城内之一大市会也。两庙花厂尤为雅观。春日以果木为胜，夏日以茉莉为胜，秋日以桂菊为胜，冬日以水仙为胜。至于春花中如牡丹、海棠、丁香、碧桃之流，皆能于严冬开放，鲜艳异常，洵足以巧夺天工，预支月令。其于格物之理，研求几深，惜未有著书者耳。

清末民初，王府井大街外商开办了许多洋行，特别是东安市场的开张营业，它们所经营的古玩、钟表、金银器、钻石、高级衣料等高档奢侈品，吸引了中外上层人士。隆福寺庙会虽受到一些影响，但货色有别，充满情趣，故仍有很大号召力。据1937年印行的《北平庙会调查》，当时隆福寺"庙内商摊四百六十户，庙外商摊四百八十六户，总计九百四十六户。营业面积达一万三千多平方米"。

书中这样分析：

据此大调查所得则护国寺亦渐衰落，惟隆福寺较前尤盛。如昔时隆福寺开庙会二日，而今增为四日，此即商业日盛之表示。盖西城昔为满族及旗人聚居之地，需多取给于庙会，故清代护国寺庙会甚盛。今则满族及旗人经济情况日下，护国寺因之遂衰。而东城则以外人侨居，商业日盛，隆福寺遂因之而发达。若以诸标准之连乘积计之，庙会之规模以隆福寺为最大，护国寺次之，白塔寺又次之。

1948年，通货膨胀，民不聊生，庙会的摊商纷纷倒闭。1949年，北平和平解放。当年5月，北平市成立了整理摊贩指挥部，取缔了京城各处倒卖银圆的集市，把隆福寺周边的摊贩挪到寺内集中，并登记发照。1950年年底，隆福寺庙会停业，开始筹建大型摊贩市场。

　　1951 年，东长安街南侧要建设政府部委的办公楼，便将"东大地"（东单练兵场空地）以及鼓楼、德胜门晓市的摊贩迁到了隆福寺，按行业分给柜台，独立经营，并在寺庙殿前的空地盖起了木架洋铁皮顶的售货大棚。1952 年元旦，这里正式挂牌为东四人民市场，开张迎客，成为当时北京最大的摊贩市场。除了以往的百货和小吃，在庙内原来金刚殿的位置新建了东四小剧场，用作游艺厅和电影院，照顾了老百姓逛庙会的娱乐需求。

　　1950 年秋天，我考进灯市口的私立育英学校住校读书，课余总是穿过向北的小胡同，逛逛东四人民市场的旧书摊，偶然淘得一本好书，高兴好几天。后来，我在民航总局工作，吃完午饭也常到楼后面的东四人民市场转转，平民市场、平民价位、商品丰富，很合百姓心意。之后，管理部门本着破旧立新的观念，为扩大营业面积，先是拆除了山门，继而逐步拆除旧殿堂。1976 年，唐山大地震波及北京，摇摇欲坠的古寺受到重创，不久即被拆除干净。延续 500 余年的隆福寺终于寿终正寝，从地面上消失，留下虚名，让旧人回味，令新人纳罕。

　　1976 年隆福寺拆平后，1977 年在原址建成了地下一层、地上四层的大厦，依然叫"东四人民市场"，牌匾由董必武题写。1988 年又进行了一次改扩建，更名为"隆福大厦"，由薄一波题字。这是当时北京最时髦的商场，大厦宽敞明亮，安装了当时少见的自动滚梯，不用迈步，就可以随着楼梯上上下下，一时顾客往来如潮。

　　不料，1993 年 8 月 12 日晚 10 时许，大厦突然火起，京城 17 个消防中队、66 辆消防车、822 名消防战士奋战了 8 个多小时，才扑灭了这场大火，直接经济损失达 2148.9 万元人民币。大厦毁了，商机断了，人气也没了。尽管后来大厦复建，在阳台上修造了金碧辉煌的佛殿，在路口建起了流光溢彩的牌楼，依旧唤不回往日的崇拜与繁华。谁能想到地处京城寸土万金核心地带的隆福大厦，竟然门庭冷落，游人稀少！

近年来，隆福大厦精心规划，焕然一新，在顺应首都发展和民众需求的同时，更新商业品位，提升新的文化要素，使之不负位居京城核心地区的厚重历史，营建北京旅游必去的新地标。

北新桥大街

东四北大街十字路口往北，就是北新桥大街。传说路东把口有个小庙，庙里有口古井，锁着一条孽龙，守住一个海眼。铁链很长，有人好奇，拉出铁链，久不见尾，水声大作，似有牛吼，众惧乃止。1957 年展宽路面，拆除小庙，拽出铁链，填平古井，未见怪异。据老人讲，此处曾有河有桥，泯灭于何时，不得而知。不过，此处是京城东北地域居民选购日用品的近便之处。名店有吴裕泰茶庄、天福斋猪肉铺、天丰堂饭庄，以及布庄、粮店、药铺、当铺……至今愈加繁华，只是车多路窄，拥挤不堪。再加上往北是雍和宫、孔庙、国子监、地坛等诸多文化游览胜地，路面愈加紧张狭窄。近年街市整饬一新，古风今韵，妙趣横生，使人流连忘返。

从崇外大街，一路呼应中轴线，直抵地坛，一条南北通道，承载着历史与现实、法度与民生，观不够，思不尽，道理无穷尽矣！

宣武门大街、西单、西四

我在宣外校场五条住了十六年，在德外汽修厂干活儿，每天骑车穿行宣内、西单、西四、新街口、豁口、积水潭，后来又落户安德路地兴居，对这条中轴线以西的商街太熟悉了，几乎是踩着它的变化走到今天。

宣外大街

宣武门原名"顺承门"，明正统四年（1439）改今名。四九城里宣武门资格最老，从宣外大街东侧往西算起，曾是金中都属地，三座城东门，就有施仁、宣曜两座门的遗址在路东附近。

当年从南边进京的人多是从卢沟桥通过广安门到达宣南的。因而，来自全国各地的游子，把京城五百多座会馆中的近四百座会馆安在宣南地区，而这其中相当一部分又集中于宣外大街。会馆的文人气，奠定了宣南文化的基础，也预示了日后会馆的四合院过渡成五方杂处大杂院的现实。

那时，宣外大街并不繁华，甚至有些"灰头土脸"。难忘的是，箭楼底下的那个宣武门早市（晓市），破落户拿着家里仅有的一把波斯壶、一挂朝珠、一轴古画、一袭朝服……在这儿换几块银圆，买几套烧饼馃子，拿回家给孩子吃。直到几十年前，还有人拿着几件瓷器蹲在大楼犄角摆地摊呢。

大街东南有个小杂货铺，是山西来的两口子开的，卖的都是居家过日子的杂货，尤其是剪子最好，老两口严把质量关，不进次货，

清末的宣武门箭楼外

剪丝绵不连线，剪几层厚布不费力，人称"黑老虎"。剪子是家家必备的用具，人们回家探亲总要买把"黑老虎"带回去。后来老两口也不卖杂货了，专卖剪子。店主姓王，出过天花，脸上有麻子，店名遂叫"王麻子刀剪铺"。不想，剪子畅销，假冒伪劣一哄而上，什么"老王麻子""三辈王麻子""汪麻子""真正王麻子"等等，以假乱真。

还有一家"双十字"菜刀，也是钢口好，切丝切片锋利，剁排骨不锛口不锩刃，深受城乡居民欢迎，结果"双××"的假冒牌子横行，乱人双目。

我印象最深的是大街路东，有一家对着达智桥路口的万宝全百货店。三间门脸儿，三面柜台，加中间一行柜台，百货店解决了附近居民日常穿的、用的问题，且货真价实，贴近百姓中下层。灯泡坏了、烟筒缺节拐脖、顶针找不着了；配副球鞋带、换个褥面、买盒撳钉、换圆珠笔芯……这里都能解决，而且所费不多。当然遇有大需求，还是要到大街南口的菜市口，或者进宣武门到西单商场了。

菜市口

宣外大街南与广内大街相交，是个丁字街。明代以前就有不少农民推车挑担到这里出卖蔬菜、鸡鸭等副食材料，供应内外城的饭馆、商号和居民，规模很大，故名"菜市口"。加之这里南来北往的人烟密集，与宣内的司法部街邻近，清代就将行刑示众的刑场，从明代的西四牌楼（袁崇焕殒命处）挪到菜市口街东路北的鹤年堂的外面（谭嗣同六君子引颈受戮处）。

今日的菜市口

　　封建统治者找人多的街市杀人示众，却阻挡不了生活的步伐。菜市口西侧路北的大菜市场、美味斋的水煎包、鹤年堂的汤剂饮片、南来顺的北京小吃、电影院推出的新片、文具店齐全的文具用品、菜百琳琅满目的金银饰品，以及路口的信托商店，无一不给身边的百姓提供方便，进行贴心的服务。

西单牌楼

　　北京人说起旧日的繁华闹市，概括为"东四西单鼓楼前"。还有一句话叫作"东富、西贵、南贫、北贱"。东城富人多，东四牌楼很热闹；西城王府权贵豪宅多，西单很繁华；南北城穷人多，自然干

西单牌楼旧景

着贫贱的差事，处处低人一等。

这里且说西单。

当年长安街不宽，以天安门为中心，东西长安街，各安放着两座四柱出戟三楼的牌楼。西长安街的两座，一座在新华门附近（今已不存），一座在今图书大厦外面的文化广场（1923 年拆除，2008年易址复建），匾额为"瞻云"。东单牌楼的匾额是"就日"，典出《史记》，是颂扬皇恩浩荡的意思。袁世凯当国，将东单的改为"景星"，西单的改为"庆云"，典出孔尚任的《桃花扇》，有大地重光的意思。

西长安街西口就是西单牌楼，至此与宣内大街接驳，再往西是两条东西向的胡同——旧刑部街和报子胡同。新中国成立之初的国庆游行，队伍到此解散。1958 年拆了这两条胡同和城墙，才打通了十里长街。

明建京师，西单北大街是紫禁城西侧沟通南北东西的大道通衢：从广安门进京的人，要进宣武门到西单；从地安门南至前门大栅栏的人，也要走西四、西单这条路。所以人流不断，酒肆饭馆店铺林立。明清之际，位于西长安街附近的大理寺、太仆寺、太常寺、刑部、都察院、銮仪卫等衙署平日的采购，也就近在此，民国以后办新学成风，附近有中国大学、交通大学、民国大学、北平大学工学

西单牌楼今照

院等，催生了街市繁荣，尤其是戏院、电影院、杂耍园子，以及不同风味的饭馆。

1924 年，北京开通了第一条电车路线，从天桥经前门、西长安街、西单、西四到西直门，一下子带红了这条本来就繁华的商业街，使之成为与王府井、大栅栏比肩的闹市金街，甚至有过之而无不及。入夜，霓虹灯璀璨，美若仙境，不输上海南京路。

哈尔飞戏院

过去西城没有戏园子，听戏必须到前门外。民国初年，东北军进驻北京，东北督军张作霖为了报答当年盛京将军增祺收编提拔之恩，特地到西单西口路北旧刑部街增祺赋闲的宅子叩谢，送上十万大洋。后来增祺迁居天津，就将宅子送给了张作霖，张学良建议改作奉天会馆。宅子很大，有花园，又修建了戏台。1930 年，会馆分出一半改成了对外营业的戏园，起名"哈尔飞"，弥补了西城一时无戏园的缺憾。

问题来了，北京的老戏园子起名都是古色古香的吉利词，怎么突然起了这么个怪怪的"洋名"？查遍满文、英文，都没有这个词，什么意思呢？原来，剧院经理彭秀康为了赶时髦，取英文 happy 快乐之意，起名"哈培"，不料登广告时，被误作 halpy，音译"哈尔飞"，从此这个以讹传讹的怪名留在了老北京的记忆中。剧场的舞台坐南朝北，半圆形。观众席为慢坡形，前后不遮挡。

1930 年 9 月 14 日开幕那天，梅兰芳登台讲了话，当晚与姜

1936年元宵节，北昆荣庆社在北平哈尔飞戏院合演的戏单

妙香合演了《贵妃醉酒》。因为这是梅先生访美回来首次在北京露演，观众情绪高涨，有久别重逢之感。全场演出掌声不断，就连中场休息也是掌声爆起，演出不得不提前开始，可见观众对梅兰芳艺术的钟爱。此后杨小楼、侯喜瑞等名家都曾在此演出。著名音乐家黎锦晖主持的明月歌舞团也曾在这个舞台上演出流行至今的《可怜的秋香》《小小画家》等名曲。应北京大学生之约，名妓赛金花还在这里讲述了庚子年八国联军屠戮京城的往事。会馆的东花园一度办过茶社，请当时曲艺名家小彩舞（骆玉笙）、金万昌、常连安演

拆除前的西单剧场

出。哈尔飞后来又改名"大光明电影院"，上演美国电影。新中国成立后，剧场整修后改名"西单剧场"，曾作为北方昆曲剧院的演出地。我最后一次来这里看的是李世霖老师用一年的时间，传授爱徒于魁智上演李少春的代表作《打金砖》，他动情地说："魁智悟性很高，功底也好，今后大有前途！"

1994 年，由于西单地区整体规划调整，西单剧场被拆除。

长安大戏院

长安大戏院位于西单十字路口东南，清代时原是一家杠房的仓库，后由商人杨守一购买。1937 年，杨守一的亲戚段正言出资建造了长安大戏院。

有一次我在这里看尚小云的《摩登伽女》，是在楼上的最后一排。台上的尚老板一身时髦的白纱衣裙，仿佛是西洋歌舞，唱的却是皮黄，特别新鲜。尚老板侠义心肠，常演刚烈豪爽女性。加上他有深厚的武功底子，表演起来且歌且舞，挥洒自如，塑造的妇女形象别具一格，常令人耳目一新。他勇于探索，不断更新剧目，创

位于建国门内大街的新长安大戏院

办荣春社，培养了不少京剧栋梁之材，是"四大名旦"中唯一办班育人的艺术教育家。戏院圆形舞台，设备较新，楼上楼下能容一千多人，地处闹市，交通方便，常举办大型义演、合作戏。如今，"长安"东迁建国门内大街新址，富丽堂皇，几乎成了北京少数的京剧重镇。

新新大戏院

老"长安"建成不久，马连良筹资三十万元（合三千两黄金），在西长安街路南、双塔寺（今邮电大楼）对面建起了新新大戏院。

新新大戏院

马连良求新、求精，他早就想利用现代科技建造一座现代化的大戏院，让演员舒舒服服地演戏，观众舒舒服服地看戏。所以，他请当时北平大学工学院建筑系主任按现代化剧场设计舞台和观众席，仿照罗马剧院的外形建造剧场的外观，起名"新新"。一位京剧演员，用心如此良苦，至今无人能比！

可惜，没几年日军侵占北平，"新新"被以三十万元强迫买走，改为电影院，大演满映李香兰的《万世流芳》，鼓吹"大东亚共荣圈"。抗日战争胜利后，"新新"改名"国民电影院"，上映头轮好莱坞大片，还演过话剧。我曾在这里看过石挥主演的《秋海棠》，其精湛的演技令人叹服，从此石挥成了我心目中评定话剧演员的标尺，再难有能与其比肩者。

记得当时北京城流行一句口头语。

甲说："这事儿真新鲜！"

乙答："新鲜啊，新新改国民啦！"

北平和平解放没几天，有解放军干部访问我家，并送来几张戏票，到国民电影院看解放军文工团演出的歌剧《白毛女》。一家子高高兴兴地去了，看的时候爸爸告诉我，演喜儿的叫郭兰英，原来是唱山西梆子的，多好！新中国成立后，"国民"改名"首都"，依旧

首都电影院旧照

是京城设备最好的影院之一。2003 年，首都电影院拆迁，四年之后，在距离其原址几百米的地方建起了西单大悦城，翌年崭新的首都电影院在西单大悦城重张开业，由此重生。

西单菜市场

说西单，离不开西单菜市场和西单商场。民国初年，应附近居民和饭馆的需要，在西单北大街路西、舍饭寺东口路边的空地上，出现了卖蔬菜、瓜果、鱼肉的地摊，而后用席圈儿围起来，成了菜

1978 年 10 月，顾客们在西单菜市场选购盘菜（叶用才 / 摄）

市场。渐而生意兴隆，菜市场罩上铁棚，地摊升格成独立小店，购销两旺。除了零售，西单菜市场还承担大饭馆的供应，像什刹海的会贤堂、金鱼胡同的福寿堂、护国寺的同丰堂，以及附近的"八大春"（同春园、贵阳春、新陆春、东亚春、庆林春、春明园、鸿春楼、安乐春等）。货色全、质量高、供应及时，是西单菜市场的特色。20世纪40年代，西单菜市场改为全封闭的菜市场，与东单、崇文门、菜市口并称京城四大菜市场。1997年，西单菜市场开始拆迁，而后在其原址上拔地而起了当时北京面积最大的百货公司——君太百货。

西单商场

西单商场成立于1932年，在西单北大街路东，最早是一个小场子，在今槐里胡同西口，叫"厚德商场"，渐次相继建了"福寺""玉德""慧福""福德"等小商场。西单商场经营的商品有百货、食品、图书、纸张等，有店，有棚，有摊，有空场，彼此相通，类似早期的东安市场。侯宝林在相声场子拜了他的师傅朱阔泉，尔后就到西单商场北场演出。1939年，家住报子胡同的相声名家常连安带着他的儿子小蘑菇（常宝堃）等在此创办了"启明茶社"，小彩舞、荣剑尘、马增芬等鼓曲名家登场，活跃了京门曲艺，也培养了后继人才。

1940年，众商家出资建成了新的西单商场，增添了西餐馆、咖啡馆、江南饭馆等。1958年，西单商场改为国营商场，1976年复建成五层大楼的商厦。近年，西单地区迎合时代潮流，兴建

20 世纪 90 年代西单商场外景

了大悦城等新型商城，修建了过街桥，成为深受青年喜爱的游览商街。

西四大街

西四牌楼与东四牌楼同年建造，都是明永乐年间建北京的标志性建筑，连横批也一样：南北牌楼是"大市街"，东面牌楼是"行义"，西面牌楼是"履仁"。不过人们有区分，叫它"西市"。

西市处京都大兴、宛平两县交界处，市井繁华，正是明代开刀问斩的刑场。明人史玄在所著《旧京遗事》中说：

西市在西安门外四牌坊，凡刑人于市，有锦衣卫、理刑官、刑部主事、监察御史，及宛、大两县正官。处决后，大兴县领身投漏泽园，宛平县领首储库，所谓会官处决也。

死刑犯从西单刑部提出，经过缸瓦市到四牌楼下，经过闹市，沿途有重兵把守，最后"弃市"为的是杀一儆百，可见当年西四大街之繁华。

西四的东街很短，离皇城根儿仅三百米。仿照东四，宫里淘汰的劣马拉到这儿贩卖，马贩子也赶来凑热闹。明末清初，山东人来此开了二十几家猪肉杠，西马市大街也改成西猪市大街了。

民国初年，邻近的西安门外曾办过一个"西安市场"。原本是个胡同间的小空场（过去京城内外这种夹在胡同间的大小空场很多），有人摆摊卖小吃、杂货，拉场子说评书、相声，1937年以后，市场衰落停办，抗战胜利后有所恢复，建了胜利电影院、服装店等商家。

西四的西大街直抵阜成门，是通往京西古道的必经之路。明清时节，骆驼把煤从门头沟驮进京城，给千家万户送来温暖，大道被驼掌踩得粉尘软软的。道北有明成化二年（1466）建的广济寺、明嘉靖十年（1531）建的帝王庙和元至元八年（1271）建的白塔妙应寺。当年，沟沿（今赵登禹路）以西是阜成门大街，以东是贩羊的市场，叫"羊市大街"。

西四的南大街为缸瓦市，路西幸存有万松老人塔，以及元代就有的砖塔胡同。商市繁荣，这里有两个饭馆可记。

1927 年前后的西四牌楼

同和居

　　同和居在南大街路西，清道光三年（1823）开业，掌柜的姓牟，山东人。同和居原本是个售卖斤饼斤面的小饭铺，为照顾市面贩卖马、猪、羊的商人，赶骆驼的把式和往来的买卖人，饭菜不高档，便宜、实惠、口味好，颇受欢迎，尤其是炸酱面的"小碗干炸"很有名。清帝逊位后，有个叫袁祥福的御厨出宫回家靠卖菜为生，家在阜外，时常进城到同和居吃饭。牟文卿掌柜与他交情甚厚，力劝袁祥福到同和居"帮忙"，把御膳传入民间。在袁大厨的操持下，同和居的鲁菜一展新容，尤其那道"三不粘"轰动京城。

砂锅居

五方杂处的北京城，宽容天下人到这里圆梦，自然也宽容天下人把各自家乡的饮食习俗带到北京。因而京城的食谱，东南西北中，古今中外通，广博兼具、水陆杂陈，可谓只有想不到的，没有吃不到的。还有一宗，帝王主国也主吃，引领一朝吃风。何故？上有所好，下必效之。在这一好一效之中，很可能就成就了一道名菜。比如砂锅居的白肉。

满人入关前，每逢祭天、祭祖、奏凯时，必宰杀白马黑牛（寓意天地），祭告上苍，祭后架锅，白水煮熟，分而食之，内含"有福共享，福祚绵长"之意。后来，以白猪作为祭品代表。

顺治年入关后，皇帝住进了紫禁城。后三宫之一的坤宁宫本来是明朝皇后的正宫，清代进行了改造，东暖阁作为皇帝大婚的洞房，康熙、同治、光绪都曾在这里完婚。西暖阁改为皇家祭祀的场所，内设硕大铁锅，就是为祭祀时煮白肉用的。白肉，是指用清水煮的猪肉，不加作料、不上色，原汁原味；后来为去腥味，加了花椒、大料，不掩猪肉的浓香。

清初立国，顺治帝福临为了警醒族人不忘本，守住打江山的奋斗精神，保留了君臣苦战时同吃的白肉、苏叶包等习俗，有点儿君臣同吃"忆苦饭"的味道。每年正月初二，宫中做"白活儿"的厨师，用酒把无一丝杂毛的纯白猪灌醉，在轻柔抚摸间猛然提刀，直捅醉猪心脏，一刀毙命。而后切割，在坤宁宫西暖阁大锅中煮熟，分享朝会恭贺春节的群臣与后宫妃嫔皇子王女，名曰吃"晶饭"、吃"神余"，同时将碎肉、颈骨、老米放进院东南"祖宗杆子"上端的供盘中，让早已等候的乌鸦群衔走，寓意告达上天。

皇宫如是，王公大臣家，乃至殷实的旗人家也照方抓药，宰猪白煮，惠及友邻、福佑四方，原则是"不请、不接、不送、不谢"，谁吃都行，吃完就走。白吃的信号是：只要听见这家锣鼓齐鸣，天上的鸦群飞奔"祖宗杆子"上的供盘，街上行走的任何人都可迈门而入，拣食锅中的白肉，甩开腮帮子吃，"吃倒（到）泰山不谢（卸）土"才好。因为，吃得越多带给主人的福分越大，因而京城留下了"吃白食"的话把儿。

白煮的猪肉不放作料、不就调料，并不好吃。得了荣华富贵，尝过南北大菜的旗人老官儿们，谁还有心吃那白不呲咧、淡不刺唧的肥肉片子？皇帝赏赐，不敢不吃，就有聪明人从家里带来蘸满白酱油汁的油皮，擦抹在自带的切肉的小刀上，白肉蹭上酱油自然味道香郁，食之有味了，末了，连那油皮也吧嗒吧嗒嘴吃个干干净净。

据说，当年位于西四牌楼南边的定王府，把祭日过后剩余的白肉，给了值更守夜的更夫，他们就近在王府后门缸瓦市街面开了个酒饭铺，支个大砂锅卖王府剩余的白肉。因为这儿的白肉皮薄肉嫩，肥的不腻，瘦的不柴，且斤两足、价不贵，招惹得嘴馋的人蜂拥而至。怎奈数量有限，只卖一锅，因而留下了"砂锅居的买卖——过午不候"的口头语。

其实祭天、祭祖用白肉，古已有之，曰"胙"，《左传》有记载。过去老北京人过春节，在供桌正中，总要摆上一盘五寸见方的白煮的五花肉，上蒙红福字剪纸，插一把精美的小刀，供神灵享用。顺治进京，歪打正着，把吃白肉推广到民间，成了京城一道风味菜。

砂锅居没有故步自封停留在卖"神余"上。创制了用油炸猪的"下水"，制成五花八门的"烧碟"，如炸肥肠、炸卷肝、炸鹿尾儿；用火燎生肉，稍带煳焦后再煮，名曰"煳肘"，肉香迥异；精选白煮肉片，蘸上酱油、麻油、辣椒油、蒜蓉调和的小料吃。小砂锅系列既有白肉、白菜、粉丝、海米、口蘑同炖的"砂锅白肉"，也有"砂锅丸子""砂锅三白""砂锅下水"，以及烩酸菜、烩酸菠菜等独具东北风味的菜肴。

起自白山黑水的清朝远去了，砂锅居依旧顾客盈门。而京城人家到了冬季，时不时地会支起自家的白砂锅，既不祭天，也不祭祖，而是把吃酸菜白肉、猪肉炖粉条，当作一种时令菜肴，吃得酣畅淋漓，心满意足。

白塔寺庙会

早在辽代，白塔寺是南京城的北郊，有塔有寺，后来毁于战火。元至元八年（1271），元世祖忽必烈请来尼泊尔阿尼哥建造了白塔，后又建起气势宏伟的寺院成为朝廷弘扬佛法、培训官员的重要场所，

妙应寺白塔

白塔寺庙会

民众不能进入。明清两代，妙应寺仍是京城佛事重地。民国初年，庙里的僧众无以为继，打开庙门，逢五、六招商设摊、开市，成为与土地庙、隆福寺、护国寺齐名的四大庙会，至 1960 年终止，白塔寺庙会给几代人留下记忆。

新街口大街

　　西四北大街往北，到护国寺街西口就进入新街口大街了，原来顶头是通惠河南岸，往东是积水潭，往西是西直门大街。占据水旱两路要津，从元代就是个繁华街市，早时很短，逐渐扩展打通，1924 年通了电车后，商市愈加繁荣。

第三辑

通惠流畅后门桥

后门大街

元代，大都城按照"前朝后市"的原则，把市场建在大内延春阁（今景山）的后面，钟鼓楼的前面。这一带有广场，有宽街，有接连通惠河的万宁桥，还有烟波浩渺的海子积水潭，真个是一身兼具风光绮丽，水陆杂陈的山水市场。

这一带的市面很繁盛，种种商品物以类聚，按品种、分地区，相对集中。有米市、面市、鹅鸭市、缎子市、皮帽市、珠子市、沙剌市（珊瑚、贝类市场）、铁器市、穷汉市（人力市场）……

明建北京城，仍沿用元大都中轴线，只是新宫城的扩建包进了通惠河，改名"玉河"，江南的漕船止步北上，停泊在东南城外的大通桥。积水潭再无昔日万船竞发的宏大场面。鼓楼前的繁荣一度沉寂。

清初，顺治为了守护住初建的皇权，令八旗军民分住内城各处，把汉族官民和戏园子、妓院一股脑儿迁到前三门（宣武门、正阳门、

清末的鼓楼前

崇文门）外，实行"旗汉分居"。这下内城"干净了""消停了"。

可"鼓楼前"比起明朝那会儿，却萌生了新的"起色"。

怎么？住户在起变化。

清初，这一带由八旗"上三旗"中的正黄旗和镶黄旗驻守，是皇家眼皮子底下直管的地界。衙署多、房子好、上下朝近便，紧邻什刹海，环境优美，住户多是亲王近臣、皇亲国戚、达官显贵。就连退了休的老太监，也舍不得走，在这儿找了个娘娘庙栖身终老。这些住户可都是吃着钱粮、揣着大把银子的阔主儿！

商家眼尖脑子活，认准了这些"财神爷"，争先恐后在鼓楼大街两侧号房开店，一时旗幌招摇翻飞交错，叫卖声声不绝于耳。

跟随缕缕行行的人流，走进鼓楼大街，左右张望，那真是俩眼珠儿不够用的。

数来宝唱得好：

打竹板儿进街来，买卖铺子两边排，
也有买的也有卖，货真价实准发财……

繁华的鼓楼大街

行业齐全，不怕竞争，优中选优，给各种不同购买力的顾客充分选购比较的空间，是"鼓楼前"商市的一大特点。

粗略一数，街上绸布店有谦祥益北号、天兴号、通兴长、复兴隆、永通诚；鞋铺有全安斋、乾有斋、聚茂斋、庆荣陞、全顺斋；

首饰楼有信远楼、瑞成楼、义泰楼、和丰号；茶庄有吴肇祥、荣源号、汇源号、祥泰号、和丰号；烟叶铺有北豫丰、北益丰；酱菜园子有"大葫芦"宝瑞兴、南洪泰、谦益号、洪兴号；干果海味店有大顺德、新茂魁、聚顺和、聚盛长、乾德号；饭庄饭馆有庆和堂、合义斋、福兴居；大茶馆有天汇轩。此外，还有平易钱庄、照相馆、钟表铺、理发馆和书铺等，应有尽有。

茶馆是老北京人的另一个家。这里就说说名噪京城的天汇轩大茶馆。京城不同凡响，决策着国之大事小情。皇上在，吃皇粮的

1909 年的谦祥益北号

1870 年的什刹海

多，进京求功名办公事的人多，歇闲议事、种种见得见不得人的交易自然也多，这就少不了茶馆这样的似明若暗的公共场所。而专为人上人预备的规模大、气派足的大茶馆，首先占据了京城的要路通衢。像地安门外的天汇轩，前门大街的天仁轩、天启轩、天全轩，北新桥的天寿轩，阜成门内的天福轩、天德轩、天颐轩，俗称"八大轩"。"轩"的原意是指当朝大夫乘的高架车，以后衍生为围栏、室外平台。名字冠以"天"有独尊之意，也暗指茶为天赐之物。至于中间的嵌字：汇、仁、启、全、寿、福、德、颐，都有祈望期盼的内容。京城人好以"八大"示人，如"八大楼""八大居""八大祥""八大怪"……就连京剧演黄天霸的戏，也有"八大拿"之说。

　　大茶馆的兴盛与时局休戚相关，衰败前的最后一拨儿，当在清

什刹海

末民初。地安门外的天汇轩还在人们的记忆中留下些淡淡的影子。

天汇轩位于地安门外，鼓楼大街东侧。听老人们说，天汇轩坐东朝西，五间门脸儿，进门是前厅，把门的南面是柜台和灶台，一把硕大的坐水铜壶嗞嗞冒着热气，高悬灶台上。壶中的水一直滚开着，随时准备注入小几号的手提铜壶中，由"茶博士"提着小铜壶冲进顾客的盖碗中。穿过铺面的前厅是个宽敞明亮的大院子，上搭铁皮罩棚，四围有可以卷放的苇帘，通风透气、明暗可调、冬暖夏凉，比今日的空调还多了一层调光。院子里摆放散座，疏密适当。院子东面是过厅，再往里走又是一进高搭天棚的院子，比前院紧凑，南北两侧是雅致的厢房，遇有三五知己，或谈情，或叙旧，浅吟低唱，此屋幽静，最是佳境。正中的五间正厅是天汇轩顶级所在，陈设华贵，专为达官贵人叙谈私密的用房。

天微明，已经有人影儿晃动在什刹海边的水雾朦胧中。有喊嗓子拍曲儿的，有提笼架鸟遛早的，有打拳练剑的，也有熟人相约说话的……天大亮，这些遛早的人们不约而同地踱进天汇轩的大门，成了第一拨儿顾客。老人、老地儿、老一套，不用吩咐，堂倌就会在请安的同时，给客官递过热气腾腾的手巾把儿，让好座儿，给鸟笼子里的水罐儿换水、食罐儿加食，而后挂在前厅梁下的铜钩上。待熟客擦完脸，松松快快落座了，茶也沏好了，一壶香片、一盘烧饼馃子恰到好处地端上桌。这时堂中只听碗碟叮当，伴以人们的咀嚼饮啜之声，就连笼子里的鸟儿也忙着啄食儿，歇了嗓音。这也预示着，天汇轩喧闹的一天开始了。接着，约人说事儿的，吃饱了没事儿可干、泡茶馆耗时候的，陆陆续续、一拨儿接一拨儿地进进出出。天汇轩收拢了忙的、闲的各色人等，牵出一段段有滋有味的故事……

看过老舍的《茶馆》吗？天汇轩大概其就是那个意思。

烟袋斜街

从鼓楼大街去什刹海有条近路，踩来踩去，踩出一条斜路；人来人往，路边盖起房子，就成了斜街。北京叫斜街的地方不少，这儿有什么特色呢？抬头一看，东口有几家烟袋铺，挂着大烟袋的幌子，很显眼，就叫"烟袋斜街"吧。

那时候，汉人一般抽旱烟，讲究烟袋是白铜锅、乌木杆儿、翡翠嘴儿，抽关东烟叶。满人闻鼻烟儿，抽水烟袋。斜街里有双盛泰和同和盛两家烟袋铺最有名，既卖各种烟袋，也有修配清洗烟袋的业务。传说宫里慈禧的烟袋就让太监拿到这里来清洗。其实，鼓楼一带旗人多，吃着俸禄，游手好闲，抽烟喝茶泡酒馆，烟袋铺的买卖挺红火。街里还有几处古玩店和挂货店，买卖也好。清帝逊位之

烟袋斜街

后，旗人断了钱粮，又没本事又没力气，只好变卖家当，把古玩玉器、名人字画拿到街里的古玩店换几个钱儿。古董商坐享其成，贱买贵卖，落得"半年不开张，开张吃半年"。斜街东口路北有李福庆开的鑫园浴池，据说他是大太监李连英的后人。斜街中部路北有建于明天顺三年（1459）的广福观。

杂耍的广场

鼓楼与钟楼之间的广场，常有曲艺杂技撂地演出，整日车马不断、游人如织，成了大都城"乐以销忧，流而忘返"的逍遥地。推算起来，它早于外城的天桥，该是中国曲艺、杂技萌生较早的发祥地。有趣的是，北京历史上的平民乐园从一开始就沾了"皇气"，一前一后，位居中轴线北南两端。

元人黄文仲《大都赋》称赞这一带是：

华区锦市，聚万国之珍异；
歌棚舞榭，选九州之秾芬。

明以后，通惠河河道中阻，积水潭上流来水减少，这里虽然失去了往日的繁华，却因什刹海的湖水风光，另有依就，成了一处寺庙林立、名园密集的"都下第一胜区"（明蒋一葵《长安客话》）。北京干旱缺水，唯独这里，到了夏天，红荷接天，绿柳委地，是京城难得的避暑胜地。当时的诗人赞道：

后海银锭桥

柳塘莲蒲路迢迢，小憩浑然溽暑消；
十里藕花香不断，晚风吹过步粮桥。

那感觉，真是一身清爽，四野生凉，惬意极了。

水多，桥也多。西望，是一脉婀娜多姿的山影——春青、夏绿、秋红、冬白，怎不撩拨文人诗兴大发？虽然乾隆帝御定的"燕京八景"中未见"银锭观山"，但在民间还是将其列为一景。

荷花市场

清末民初，什刹海演变成集消夏、休闲、购物和游逛于一体的"荷花市场",盛极一时。国人喜爱荷花出污泥而不染的品格,更珍爱它一身是宝:花瓣、莲蓬、盖叶、白藕均是应时的美味,既是鲜果,又可入菜。是故,京城的大小水泡皆有荷花映日红,就连四合院中,也要种几盆红白荷花,朝夕相伴。可以说,荷花融入了北京人夏日的生活,也滋养了北京人性爱洁净、清朗爽快、雅爱奉献的品格。

我喜爱荷花市场那一片浩大的荷花荡。清风徐来,亭亭玉立的红荷随风摇曳,送来阵阵荷香。环岸的茶摊、小吃摊、百货摊、演艺摊,总能如你所愿,绊住你的脚步,使你尽情品尝到别处没有的荷味佳肴,比如鲜藕、菱角、鸡头米、河鱼、河虾、莲子粥、荷叶粥、江米凉糕、桂花凉粉、冰碗儿、冰棍儿、冰激凌、刨冰、果子干、雪花酪、奶酪、酸梅汤……其中,有一种叫"河鲜"的小吃,别有风味。那是去皮儿的鲜核桃仁儿、大扁杏仁儿、鲜菱角米、鲜鸡头米,四者合一,拌上冰碴儿,再撒一层白糖,盛在小青花瓷碗里。用小勺慢慢地品用,清凉香甜,比刨冰、冰激凌更有一番解暑生凉的味道。

虽然荷花市场出现在民国初年,但是由于市场的繁华多样,民间出现了有关慈禧的一段传说。

传说,一天慈禧在静心斋西北新盖的叠翠楼吃饭,突然一股浓香从北面的荷花市场徐徐飘来。她连忙叫小太监去市场打听打听,什么吃食这么香?小太监挺机灵,到了荷花市场,挑着拣着,买了几样好吃又好看的小点心,拿荷叶一包,端到了慈禧面前。老佛爷一尝,这个香啊!大不同于宫里"中看不中吃"的御

荷花市场小吃街

膳，立刻传旨叫御膳房里管事的，到荷花市场把这几样吃食的手艺都学来。从此，御膳里就添了肉末烧饼、小窝头、豌豆黄、芸豆卷……

如此说来，贴近皇家西苑三海的后海倒真成了朝野共有的一片水景花园，尤其到了夏天，四方游客借着一片水域，络绎不绝，纷至沓来，休闲、去暑、购物、找乐儿。

说起当年的荷花市场，金受申先生在《北京通》里有这样的回忆：

前海"集香居"前，满植荷花。……海中有虾菜亭旧址，崔蒲丛生。近西端，长堤横亘南北，堤面宽阔，高柳茂密。民国五年以前，每到夏天，便有人在此设立茶桌，喜享清福的，便可到此品茶闲谈。民国五年以后，开办"荷花市场"，从端阳起，至中元止，招集商人营业，主要为两岸茶棚。茶棚半岸半河，架以木板的谓之"水座"，茶资较昂。此外有临时饭肆、炮烤涮摊、河鲜棚、冷食棚以至果摊、西瓜摊、豆汁灌肠，食物皆备。更以"八宝莲子粥"为应时小吃。售卖零物的，上自古玩摊、书摊、字画摊，以至玩具、草虫和应时的扇摊。娱乐方面，有落子棚、杂耍棚、书场、相声场、把式场，甚至白云鹏、"老倭瓜"、葛恒泉等也来此献艺，各种营业都近于平民化，而且闲游并不收费，所以曾经热闹一时。

冬天的护城河、什刹海，岸旁常放着许多冰床招揽乘客，在新年正月，坐着冰床，驰骋冰上，虽不用足溜，也很有意思。前

清末的荷花市场饮食排档

几年，我每到正二月，常在一溜胡同广庆轩听杨云清说《水浒传》，傍晚散书，由银锭桥到德胜门，坐一个来回冰床，然后地安桥喝上二两白干，也是闲适有趣的。

邓云乡在他的《红楼识小录》里这样描写湖水里产的"菱角"：

几十年前，什刹海、德胜门外鸡头池、菱角坑出产的菱角，并不是极小的，是比江南野菱、小红菱略大一些的两角小菱。生时绿中泛红，煮熟后褐色，吃起来十分鲜嫩，较之江南老菱，一

269

咬满嘴干末子的好吃得多。什刹海荷花市场和会贤堂饭庄卖冰碗和莲子粥，用的鲜菱角，都是这种菱角。

原来的荷花市场自五月初五五月节开市，到七月十五中元节休市，整整一个夏天滋润着北京人溽热的烦躁。

1990年，一度沉寂的荷花市场重张了，更华丽、更气派了，成了中外游人夏日消暑休闲的理想佳地。

如今，荷花市场更红火了。各色各样的餐饮、酒吧布满了海子四周，连附近的胡同也拆改成形形色色的酒吧。灯红酒绿，轻歌曼舞，映衬在什刹海波光潋滟的秀色中，招引得海内外游客纷至沓来。人们坐着三轮车游完胡同、四合院后，再到水边一坐，喝着咖啡、品着花茶，细细地去咂摸老北京的悠悠长韵，那叫一个美。

繁盛商街之旅

手绘　吴昊

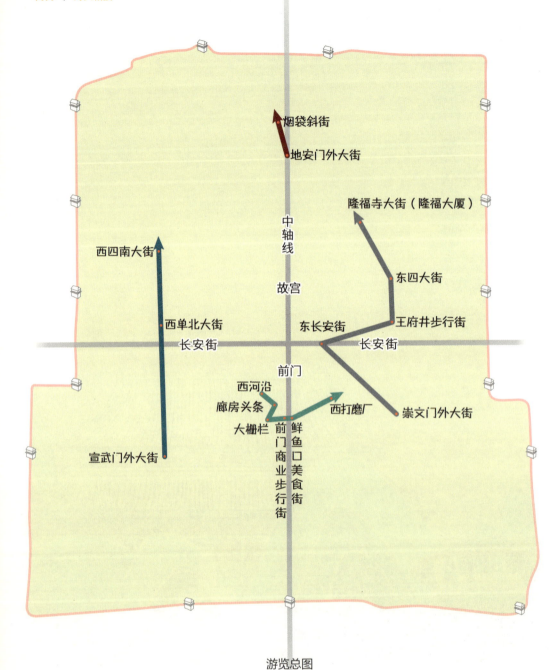

烟袋斜街

地安门外大街

隆福寺大街（隆福大厦）

西四南大街

中轴线

故宫

东四大街

西单北大街

东长安街

王府井步行街

长安街

长安街

前门

西河沿

廊房头条

西打磨厂

大栅栏

鲜鱼口美食街

前门商业步行街

崇文门外大街

宣武门外大街

游览总图

■ 南线商街游　　　■ 东线商街游　　　■ 北线商街游　　　■ 西线商街游

注：景点介绍依据其所在地理位置摆放，大致与手绘街区地图匹配。受篇幅所限，手绘图与推荐游览顺序存在不一致的情况，请参照序号对应推荐游览顺序。此外，景点可能基于修缮、布展、改扩建等原因短期闭馆，建议读者提前查阅最新信息，再前往参观。

一、南线商街游

```
                                    ⑥              ↑
                                  西打磨厂         ⑤
                                                 鲜鱼口
                                                 美食街
                                    ④
                                  前门商业
                                  步行街           ③
                                                 大栅栏
                                    ②
                                  廊房头条
                                                 ①
                                                 西河沿
```

西河沿

地址：前门外廊房头条北

简介：西河沿为东西走向，以市场多、金融单位多、饮食服务业多"三多"著称。清代，西河沿是北京的两大肉市和菜场之一，鱼市和华北楼饭庄在街东端，街上有广裕号钱铺、三益和记金银店、仁昌金店、同城银号等十多家金融机构。1931年，在巷内9号开设交通银行；20世纪30年代，在巷内7号建成盐业银行，现均为北京市文物保护单位。

廊房头条

地址：前门大街北侧路西

简介：廊房头条及珠宝市一带，曾拥有金店和众多经营珠宝的店铺。清初，将灯节移至廊房头条，促使这里发展起制作和销售花灯的店铺，时称"灯街""灯笼街"。清末在巷内设劝业场，被誉为"京城商业第一楼"。新建成的北京坊以劝业场为核心，集阅读、电影、餐饮、艺术等多元文化为一体，会聚国际旅行者和高端文化消费者，呈现出一种全新的商业氛围。

③

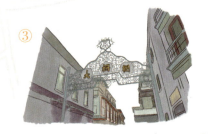

大栅栏

地址：前门大街西侧

简介：大栅栏原名"廊房四条"。明永乐初年，朝廷在前门外建店房"招商居货"，称"廊房"。廊房头条至廊房四条成为前门地区最著名、最具特色的商业街。明弘治年间，为治理京师社会治安，指令居民在胡同口设置木质栅栏，廊房四条所建栅栏最大，遂称"大栅栏"。街内有同仁堂、瑞蚨祥、张一元、马聚源、内联陞等诸多著名老字号，是游客逛北京必到之处。

④

前门商业步行街

地址：南起珠市口，北至正阳门

简介：前门大街原是明清帝王赴天坛的"天街"御路，自明代以来就是北京最著名的商业街。作为展示老北京风貌的重要画卷，前门步行街与鲜鱼口、打磨厂、大栅栏、西河沿等著名商街相连，老字号森泰茶庄、亿兆商场、都一处、盛锡福、壹条龙、全聚德、长春堂药店、谦祥益绸布庄、月盛斋等店铺林立，风格各异，是中外游客逛街购物、享用美食的好去处。

📢 游客可在前门大街体验"铛铛车"。

⑥

西打磨厂

地址： 西起前门东路，东至祈年大街

简介： 明初，来自房山的一些石匠，从家乡运来石料，在打磨厂西口一带打造石磨和磨刀石出售，兴办起不少大小作坊，遂名"打磨厂"。巷内有饭店、绸缎庄、眼镜店、票号、染料行、会馆和多处"安寓客商"的旅馆老店。民国时改其西段为西打磨厂，与西河沿、鲜鱼口、大栅栏并称为"前门外四大商业街"。如今西打磨厂经过修缮整饰，为古老商街赋予了新的艺术气息。

推荐骑行打卡。

⑤

鲜鱼口美食街

地址： 西起前门大街，东至前门东路

简介： 鲜鱼口，东西走向。明初已成巷，因巷内鲜鱼市而名。据传"先有鲜鱼口，后有大栅栏"。巷内有便宜坊焖炉烤鸭店、天兴居炒肝店、锦芳小吃、金糕张、炸糕辛、力力餐厅、永丰筷面、天源酱园、锅贴王、兴华园浴池、天乐园戏园等老字号商铺、茶楼、戏院，是北京民俗市井商业的代表，与前门大街共同构建起老北京南城的标志性传统商业街区。

二、东线商街游

⑤
隆福寺
大街

④
东四
大街

③
王府井
步行街

②
东长
安街

①
崇文门
外大街

东长安街

地址：　天安门东侧

简介：　东长安街是北京著名的"十里长街"东段。在东长安街与王府井商业街交会处，有五星级饭店北京贵宾楼和老字号北京饭店。北京饭店始建于 1900 年，拥有各类中西餐厅及风味独特的谭家菜，其现代化的服务设施为宾客提供集客房、餐饮、会展、娱乐、购物于一体的全方位服务。东侧的东方广场是亚洲数一数二的商业建筑群，其内有东方新天地商场等。

📢　有机会可以夜赏长安街，庄严华美。

③

王府井步行街

地址：南起东单三条，北至灯市口大街

简介：王府井大街原称"王府街"，因明代建有十王府而名。清末建起东安市场，成为北京著名的商街。繁华的步行街上，既汇集了北京 APM、新东安市场、工美大厦、王府井百货大楼等大型商业楼宇，也坐拥全聚德、东来顺、五芳斋等知名老字号。沿王府井大街一路向北，可达北京人民艺术剧院和中国美术馆，在闹市之中感受艺术气息。

①

崇文门外大街

地址：南起天坛路，北至崇文门

简介：明清时，崇文门设有九门总税务司，时称"税门"，致使崇外大街商贾云集，有著名的老字号万全堂、千芝堂、东庆仁堂药店，药市、酒市、茶市、瓜市、蒜市广布周边。西起崇外大街的花市，因绢花、鲜花市集而名，街内的火神庙庙会为老北京五大庙会之一。现崇外大街拥有新世界百货、国瑞购物中心、搜秀城等热门商业综合体，热闹非凡。

⑤

隆福寺大街（隆福大厦）

地址： 西起美术馆街，东至东四北大街

简介： 隆福寺大街因街北隆福寺而名，该寺系明清两代的"朝廷香火院"之一。在北京的庙会中，以隆福寺最为繁荣，向有"诸市之冠"的美誉，由此带动起周边的商业发展。1951 年在隆福寺兴建东四人民市场，后扩建为隆福大厦，成为京城百姓及旅游观光者光顾的理想场所。1993 年，隆福大厦为大火焚毁。如今，新建隆福大厦华丽转身，焕发出新的生机。

 隆福寺藻井（国家一级文物）目前存放于北京古代建筑博物馆。

④

东四大街

地址： 南起干面胡同西口，北至北新桥

简介： 东四是老北京的"东市"，明代在这里划定"大市街"。因十字路口各竖有一个牌楼，称"东四牌楼"。清乾隆年间，开设恒利银号、恒和银号、恒兴银号、恒源银号等四大钱庄，老北京人戏称"腰缠四大恒"。现今东四大街经过修葺改造，塑造了商铺集锦、大市天际、灯市骈集等文化八景，老字号永安堂、吴裕泰茶庄修旧如旧，充分体现出传统京韵的特色。

三、北线商街游

②
烟袋斜街

②
烟袋斜街

①
地安门
外大街

烟袋斜街

地址：西起银锭桥，东至地安门外大街

简介：清代巷内多烟袋铺，烟袋斜街由此得名，为主营烟具、字画、古玩、玉器的商业街。街内有双盛泰和同和盛烟袋铺，既卖各种烟袋，也有修配清洗烟袋的业务，传说慈禧太后的烟袋就让太监拿到这里来清洗。斜街路北的广福观建于明代，为北京市文物保护单位。现今烟袋斜街经过修整改造，成为集老字号店铺、特色小吃、文化小店于一体的休闲步行街区。

📣 推荐从银锭桥步行至烟袋斜街，一路行至鼓楼，体验特色商街。

地安门外大街

地址：南起地安门，北至鼓楼

简介：地安门外大街俗称"后门大街"，街上曾有名噪京城的天汇轩大茶馆、谦祥益北号、天兴号绸布店、聚茂斋鞋铺、信远楼首饰楼、吴肇祥茶叶店、庆和堂饭庄；钱庄、照相馆、钟表铺、理发馆和书铺等应有尽有。如今依然在这条街上的新华书店，原系民国时期的为宝书局，已有百年历史。街西侧的马凯餐厅创立于1953年，是北京最早的湘菜馆。

四、西线商街游

③
西四南大街

②
西单北大街

①
宣武门外大街

西单北大街

地址：南起西单路口，北至丰盛胡同东口

简介：西单得名于西单牌楼，是京城西侧沟通南北的通衢。20世纪30年代，西单菜市场、西单商场、哈尔飞大戏院（西单剧场）、长安戏院、新新大戏院（今首都电影院）等相继在西单大街开业，遂成著名的商业文化街。现拥有汉光百货、君太百货、大悦城、西单购物中心、西单商场、老佛爷百货、西单图书大厦等众多大型商场，系为西城区商业中心。

宣武门外大街

地址：南起菜市口，北至宣武门

简介：宣武门外大街是明清间进出内城的交通要道之一，街两侧的会馆有二十多座。街上曾有菜市口百货商场、王麻子刀剪铺、南来顺小吃店、鹤年堂药店和"京城四大菜场"之一的菜市口菜市场，曾被誉为"宣武区的王府井"。现拓宽的马路南北畅通，车辆川流不息，街东侧有银行、庄胜崇光百货商场、越秀大饭店等，是宣外地区繁华的商圈之一。

③

西四南大街

地址：南起丰盛胡同东口，北至西四

简介：西四是老北京的"西市"，明代划定为"大市街"，在西四十字路口各竖有一个牌楼，称"西四牌楼"。元代，为买卖驴马牛羊的交易市场，称"羊角头市"。西市地处京都大兴、宛平两县交界处，市井繁华，酒肆饭馆商铺林立，清末民初成为金融、餐饮、商业的汇集地。著名的老字号有清乾隆六年（1741）创立的砂锅居，道光二年（1822）开业的同和居鲁菜馆，等等。